U0578555

天津社会科学院 2013 年度重点课题 13YZD-08
天津社会科学院 2018 年度学术著作出版基金资助项目

天津社会科学院学者文库

犯罪学学科论

On Discipline of Criminology

刘可道 著

社会科学文献出版社
SOCIAL SCIENCES ACADEMIC PRESS (CHINA)

目 录

第一章　犯罪学的基本问题

第一节　犯罪学的学科发展史

一　西方犯罪学发展历程

犯罪学（Criminology）是个舶来品，1885 年意大利犯罪学家加罗法洛（1851～1934）出版了《犯罪学》，这是第一本以犯罪学命名的学术著作。该书的出版也是犯罪学成为一门独立学科的重要标志性事件之一。在资本主义社会中，犯罪学成为独立的学科，始于 19 世纪后半期，它是以资本主义的发展为其社会历史条件的。[①] 19 世纪后半叶欧洲大陆是犯罪学研究的中心。20 世纪初，世界犯罪学研究中心开始转移到美国。犯罪学的发展经历了三个主要阶段，即古典犯罪学阶段、实证犯罪学阶段和现代犯罪学阶段，并产生了各种犯罪学流派。

（一）犯罪学古典学派[②]

西方犯罪学理论起源于 18 世纪欧洲的犯罪学古典学派（Classic School of Criminology）。犯罪学古典学派代表人物是意大利的切萨雷·博尼萨纳·贝卡里亚（Cesare Bonesana Beccaria，1738～1794 年，下称贝氏）侯爵。贝氏的许多学说奠定了刑事法学和犯罪学的理论基础。贝氏最主要的著作是 1764 年出版的《论犯罪与刑罚》，它是世界上第一部专

---

① 中国大百科全书总编辑委员会《法学》编辑委员会、中国大百科全书出版社编辑部编《中国大百科全书·法学》，中国大百科全书出版社，1984，第 124 页。
② 刘可道：《贝卡里亚犯罪学思想述要》，《光明日报》2012 年 7 月 3 日。

门系统论述犯罪与刑罚问题的专著,备受后世推崇。此外,贝氏还为后世留下了六篇带有公文色彩的刑事意见书。贝氏犯罪学思想主要包括犯罪原因思想和犯罪预防思想两大部分。

犯罪原因问题在《论犯罪与刑罚》中涉及得很少,没有专门论述,但在该著作的个别表述中也有所体现。在贝氏看来,犯罪由经济条件和坏的法律等因素引起。比如,盗窃通常是由于贫困和实在毫无办法而产生的犯罪。走私犯罪是由牟利的动机而产生。抢劫和杀人犯罪是由于穷人和富人之间的贫富差距以及一些人不甘心过贫穷的生活而发生。基于时代局限性,贝氏对犯罪原因的看法比较片面。

贝氏的犯罪预防思想不但在《论犯罪与刑罚》中有集中论述,而且贯穿于全书之中。贝氏非常重视犯罪预防,他认为,预防犯罪比惩罚犯罪更高明,这是一切优秀立法的主要目的。许多犯罪难以发现和证实,却可以预防。贝氏的犯罪预防思想主要体现在以下几个方面。

首先,立法应当简明,重视警务预防。在贝氏看来,人是有理性的,能够决定自身行为并预知其后果。法律制定得越明确,人们对法律规定了解得越清楚。当人们有犯罪意图时,会想到犯罪的不利后果,就会打消犯罪念头。如果人们对法律无知,对违法后果不明确,则会增加犯罪欲念的力量,易于陷入犯罪。所以,法律应当制定得简单而通俗易懂,必须公布于众,并且要用国家力量贯彻实施,而不能随意破坏法律,尤其是法律执行机构更要注意遵守法律而不能腐化。破坏法律的司法官员越少,权力滥用的危险就越小,产生的犯罪也就越少。法律条文如果晦涩难懂,让人捉摸不定,对多数人就难以产生影响。了解和掌握法律的人越多,犯罪就越少。立法不能自相矛盾,也就是要注意各种立法之间的协调与衔接,否则就会让人们无所适从,容易导致违法犯罪行为的发生。总之,制定明确而简单的法律并加以严格遵守,可以预防犯罪和维护社会正义。

贝氏十分重视警察机构在预防违法犯罪方面的作用,强调在夜间提供公共照明、在城市街道安排警察巡逻的重要性。贝氏的这些观点可以说是产生于20世纪七八十年代的社区警务思想和情境预防理论的萌芽。

其次,应当改善教育和奖励美德。贝氏认为,预防犯罪最可靠也是最困难的手段就是改善教育。愚昧无知是产生犯罪的重要因素之一,应当大力开展思想启蒙和改善教育活动，从而促使人们自觉地实施符合理性的行为。知识传播得越广泛就越少滋生祸端。贝氏引述了伟大思想家卢梭的阐述来加强自己的观点。教育不在科目的繁多，而在于科目的恰当选择与教育成效；应当用情感方式引导青年形成美德，用说服的方式防止青年做坏事。

关于奖励美德在预防犯罪中的作用，贝氏认为，奖励美德会不断增加美好的德行，相应地减少犯罪行为的发生。该原则强调了道德规范的突出作用。熟知法律的人，如果道德水平低下，则做出违法犯罪行为的可能性仍然会很大，也会远远高于虽不懂法但道德高尚的人，因为法律往往是道德的底线。

再次，强调刑罚预防。刑罚可以阻止罪犯重新侵害公民，刑罚的威慑力能够告诫其他人不要重蹈覆辙。

罪刑要法定。只有法律才能为犯罪规定刑罚。只有代表根据社会契约而联合起来的整个社会的立法者才拥有这一权威。刑事法官根本没有解释刑事法律的权力，因为他们不是立法者。贝氏的这一思想也就是说，法无明文规定不为罪，法无明文规定不处罚。

刑罚要及时。惩罚犯罪的刑罚越是迅速和及时，就越是公正和有益。犯罪与刑罚之间的时间间隔越短，在人们心目中，犯罪与刑罚这两个概念的联系就越突出、越持续，因而，人们就很自然地把犯罪看作起因，把刑罚看作不可缺少的必然结果。从被害人角度讲，迟到的正义非正义，刑罚越拖延，越会增加被害人的痛苦。

刑罚需具确定性。如果刑罚并不一定是犯罪的必然结果，那么就会煽惑起犯罪不受处罚的幻想。既然犯罪可以受到宽恕，那么人们就认为，无情的刑罚不是正义的伸张，反而是强力的凌暴。法律应当是铁面无私的，每一具体案件中的执法者也应当是铁面无私的。

刑罚应当与犯罪相对称。应当使刑罚的强度和性质与犯罪的严重程度和性质相对称。犯罪对公共利益的危害越大，促使犯罪的力量越强，制止犯罪的手段就应当越强有力。也即刑罚的轻重，应当与罪行和刑事责任相适应。另外，贝氏也认为衡量犯罪的标尺是犯罪对社会公共利益的危害，而不是更多考虑被害者的地位。对贵族与平民的刑罚应该是一致的。

刑罚是对犯罪这种社会病的"治疗"，对犯罪人来说，刑罚是特殊预

3

防，直接目的是防止其重新犯罪。对社会上潜在的犯罪人来讲，刑罚是一般预防，是对这些人的威慑。刑罚预防是典型的事后预防，在犯罪预防中实属下策。更为有效和广泛的预防措施是平时的综合预防，比如，运用政治、经济、教育、文化等多种手段。

犯罪学古典学派的另外一个重要代表人物是英国哲学家杰里米·边沁（Jeremy Bentham，1748~1832）。边沁认为，人们会考量其行为是否会给自己带来快乐或痛苦。边沁的著述促进了历史上第一支现代警察部队于1829年在伦敦的形成以及现代监狱的创立。在其所处时代之前，长期监禁的刑罚方式并不存在，监狱只是用来短期拘禁等待被审判、刑讯或执行死刑的嫌疑犯。

（二） 犯罪学实证学派

犯罪学实证学派（Positivist School of Criminology），又称为实证犯罪学派、实证主义犯罪学派、犯罪人类学派、意大利学派（Italian School），主张用科学的方法研究犯罪，强调生理因素对犯罪的影响，主张犯罪是天生的和遗传的。这一学派的代表人物是意大利的三位犯罪学家——龙勃罗梭（1835~1909）、菲利（1856~1929）、加罗法洛（1852~1934）。龙勃罗梭提出了著名的天生犯罪人论等理论，代表作有《犯罪人论》（1876年，旧译《朗伯罗梭氏犯罪学》)[1]。菲利的代表作有《实证犯罪学》（1883年）、《犯罪社会学》（1884年）等。加罗法洛的代表作为《犯罪学》（1885年）。犯罪学实证学派的诞生以及三部犯罪学经典著作的问世，标志着犯罪学的诞生。

（三） 犯罪学现代学派

犯罪学现代学派主要包括犯罪社会学派和犯罪心理学派。犯罪社会学派的代表人物有法国的塔尔德（1843~1904）、德国的冯·李斯特（1851~1919)[2]、意大利的菲利（1856~1929）等。犯罪社会学派既重视犯罪的个体因素，更强调犯罪的社会因素。犯罪心理学派的代表人物是奥地利精

---

[1] 龙勃罗梭是现在的译名，民国时期的译名为朗伯罗梭；如非特指民国期间的著述，现在一律使用龙勃罗梭。

[2] 冯·李斯特倡导整体刑法学，也称作总体刑法学，他是著名的刑法学家、刑事政策学家、犯罪学家。

神病学家弗洛伊德（1856～1939），依据他的精神分析理论，人格结构由本我、自我和超我组成。性冲动是犯罪的根本原因，犯罪主要来自潜意识的本我，是寻求快乐的性本能冲动。

二　中国犯罪学发展历程

20世纪二三十年代，西方犯罪学被引入我国。这一时期出版了第一批西方犯罪学译著，比如朗伯罗梭的《朗伯罗梭氏犯罪学》（1929年）、菲利的《实证犯罪学》（1936年）、齐林的《犯罪学与刑罚学》（1936年）等。当时，在国民党统治区内公立、私立大学的法学院、法律系先后开设了犯罪学课程，出版了第一批由中国学者撰写的犯罪学专著和教材。其中，1934年著名犯罪社会学家严景耀教授在美国芝加哥大学用英文撰写的博士论文《中国的犯罪问题与社会变迁的关系》，直到1986年才得以在国内公开出版。

注：笔者收藏的1929年商务印书馆出版的《朗伯罗梭氏犯罪学》书影、版权页。

新中国成立后，直至20世纪70年代末，由于受到当时政治环境的影响，犯罪学的学科地位没有获得应有的承认，中国大陆的犯罪学研究出现了长达30余年的停滞。中国大陆没有一所大学开设犯罪学课程。而在我国台湾地区，犯罪学是大学开设的主要课程之一。

新中国大陆地区犯罪学研究是在 20 世纪 70 年代末 80 年代初从研究青少年犯罪开始起步的。1982 年，第一个全国性犯罪学研究团体——中国青少年犯罪研究会成立，这是我国青少年犯罪学诞生的一个重要标志。该研究会主办了会刊《青少年犯罪研究》（内刊，2012 年 1 月更名为《预防青少年犯罪研究》，正式公开发行）。在青少年犯罪研究的基础上，以一般犯罪现象为研究对象的犯罪学学科也在我国逐渐形成。在这一时期，一些政法院校开设了犯罪学课程，并出版了新中国第一批犯罪学教材和著作。1992 年 4 月，中国犯罪学研究会成立，标志着中国犯罪学作为一门独立的学科，已取得了社会的共识。从 2003 年 9 月开始，中国犯罪学研究会出版会刊性质的文集《犯罪学论丛》。

关于我国的犯罪学学科产生时间问题，有两种观点。一种观点认为，我国犯罪学学科创始于 20 世纪初。持该观点的学者有中国人民公安大学的靳高风教授等。另一种观点认为，我国的犯罪学学科初步形成于 20 世纪 80 年代初期。持该观点的学者有中国政法大学的王牧教授等。我们可以换一种角度，将 20 世纪 80 年代初期的犯罪学学科定位于恢复重建时期。

第二节 犯罪学的学科性质与学科地位

一 如何定位犯罪学的学科性质

2009 年 5 月 6 日，中华人民共和国国家质量监督检验检疫总局、中国国家标准化管理委员会联合发布《中华人民共和国国家标准 GB/T 13745 - 2009》，于 2009 年 11 月 1 日实施。根据该标准中的《学科分类与代码》，构成一门学科应具备一定的条件。一是，学科应具备其理论体系和专门方法；二是，有关科学家群体出现；三是，有关研究机构和教学单位以及学术团体建立并开展有效的活动；四是，有关专著和出版物问世；等等。在现代汉语中，"学科"有三个基本含义。一是，按照学问的性质而划分的门类，如自然科学中的物理学、化学；二是，学校教学的科目，如语文、数学；三是，军事训练或体育训练中的各种知识性科目（区别于"术科")。① 所谓学术的分类，"是指科学的门类，即从学术或科学研究的角度，将各类知识体系按照合并同类项的方式，划分成能够相互明显区别开来的知识类别"。②

新兴学科的出现来源于社会实践的需要。一门学科的确立需要一些必备的条件，比如"建成培养专业人员的机构和为同行提供导向的刊物和学会"、"从业人员作为知识传播者在学术中心或公共教育体系中受到尊重"。③

犯罪学作为一门独立的学科，应当有自身的学科性质、关注的焦点、研究领域等。对此，国内外犯罪学研究颇有争议，主要观点有刑法学的辅助学科、刑事法学的分支学科、社会学的分支学科、刑事科学的分支学科、社会科学中独立的综合性的一级学科，等等。总体上来说，犯罪学应当是一门独立的学科，是新兴的交叉学科（Interdisciplinary），是综合性学科。

二 犯罪学学科性质争论的焦点

如何定位犯罪学的学科地位？在学术界，对于"犯罪学"的学科定位，有"三级学科论"、"二级学科论"、"一级学科论"和"门类论"等四种观点。其中，以"二级学科论"和"一级学科论"为主流观点。从官方的规范性文件来看，"犯罪学"专业被列入教育部的本科专业目录，属于"公安学"之下的二级学科。故"三级学科论"目前已被官方否认。但是，犯罪学二级学科地位仍然偏低，应当通过加强学科建设逐步将其提升到一级学科地位。至于将犯罪学提高到学科门类地位的说法，似有拔苗助长之嫌，该观点有待商榷。另外，将犯罪学划归公安学也存在争议，目前尚有归属于"法学"、"社会学"等观点。

三 犯罪学学科存在的问题

第一，学科归属问题。"犯罪学"虽被官方列为二级学科，然而，在以往的教学研究实践中，"犯罪学"一般被作为法学门类下法学一级学科

---

① 中国社会科学院语言研究所词典编辑室编《现代汉语词典》（第七版），商务印书馆，2016，第12页。
② 冯广京等：《中国土地科学学科建设研究》，中国社会科学出版社，2015，第19页。
③ 庄孔韶主编《人类学通论》，山西教育出版社，2005，第37页。

之下的刑法学的分支学科，即归属于三级学科。今后如何理顺"犯罪学"的学科归属仍存在很多问题。

第二，实证调查问题。以往犯罪学学科建设重点集中在解决学科归属、学科地位等问题上，很少有从理论高度进行论证和阐述，并且缺乏调查等实证资料作为依托。在如何提高犯罪学学科地位的研究上，不够深入，也不够系统化。

第三，学科地位亟待巩固和加强。

目前，只有少数政法、公安院校开设了犯罪学课程。1981年，华东政法学院创建犯罪学系（首任系主任为武汉教授）。1984年华东政法学院建立全国首个犯罪学硕士点。2005年中国人民公安大学创建犯罪学系，开始招收犯罪学方向的本科生、研究生。北京大学、中国人民大学、中国政法大学、北京师范大学等院校都招收犯罪学方向的研究生。

而在大部分高校，犯罪学充其量也就是一门选修课，有的院校根本不开设犯罪学课程，甚至取消了犯罪学课程。比如在天津的十几所本科院校中，开设犯罪学课程的院校寥寥无几。南开大学作为天津高校的龙头，前些年还开设了犯罪学课程，近年来该课程被取消了。天津工业大学亦如此。据说都是由于师资力量不够，加之选修的学生也不多。凡此种种，足见犯罪学学科地位有多低，亟待提高。

四　犯罪学的学科性质

有学者认为，犯罪学是为了预防和减少犯罪现象的发生，以实证和思辨的方法研究作为社会现象的犯罪现象的产生、存在和发展变化规律的社会科学。[①] "犯罪学是一门跨学科的科学，授予该学科研究生学位的学术机构相对较少。因此，许多犯罪学家们在多领域开展研究，最常见的是社会学，但也包括刑事司法、政治学、心理学、经济学和自然科学"。[②] 对犯罪问题的研究可以从不同的角度展开，比如从法学、社会学、公安学等角度进行。由于犯罪学的研究对象和研究方法与众多学科有交叉，所以对

---

① 王牧主编《新犯罪学》（第三版），高等教育出版社，2016，第8页。

② Larry J.，Siegel. *Criminology：Theories，Patterns，and Typologies* (7th Edition)，Wadsworth Publishing，2001，p.4.

于犯罪学的学科性质有不同的说法。

第一种观点认为，犯罪学属于法学学科，进一步讲是刑法学、刑事法学或社会法学的分支学科。例如，刘灿璞教授认为，"犯罪学是刑法学的辅助科学"。[①] 张智辉教授认为，"就刑事法律科学而言，它不仅包括以法律规范为主要研究对象的刑法学和刑事诉讼法学，而且应当包括以刑事法律规范为前提并直接为刑事法律的目的服务的其他学科，其中包括犯罪学"。[②] 苏联学者认为，"将犯罪学的性质确定为社会法学，即处于社会学和法学的边缘地位的学科"。[③] 20 世纪 80 年代初，在我国犯罪学学科起步阶段，犯罪学一般设在法律系中，为二级学科刑法学（归属于法学门类下法学一级学科）的一个研究方向，其学科地位相当于三级学科。例如，1982 年，中国人民大学法律系增设"犯罪学"课程（当时为区别于刑法中的"犯罪论"，定名为"犯罪社会学"课程）。犯罪学长期处于"边缘化"的困境，学科地位低微。

第二种观点认为，犯罪学属于社会学的分支学科。例如，刘灿璞教授指出，"作为专门研究犯罪现象的犯罪学自然从属于社会学，它是社会学的分支学科"。[④] "犯罪学作为社会学的一个分支，它主要是研究作为一种社会现象的犯罪的原因、预防犯罪的发生等"，"刑法学与犯罪学之间，往往是相互渗透，相互结合在一起的，通常所说的广义的刑法学包含犯罪学"。[⑤] 从犯罪学学科产生之日起，在西方国家，尤其是美国的大学中，都认为犯罪学属于社会学的分支学科。而在我国，新中国成立前，犯罪学也曾在社会学系开设。例如，1924 年，燕京大学社会学系开设了"犯罪学"课程，由司法次长王文豹主讲。新中国成立后，我国的澳门大学社会学系开设了犯罪学专业。

第三种观点认为，犯罪学属于公安学的分支学科，这也是官方对犯罪学的学科定位。2011 年 3 月，国务院学位委员会、教育部颁布了《学位

---

① 刘灿璞：《当代犯罪学》，群众出版社，1986，第 13 页。
② 张智辉：《犯罪学》，四川人民出版社，1989，第 5 页。
③ 〔苏〕茨维尔布利等：《犯罪学》，曾庆敏等译、陈汉章校，群众出版社，1986，第 5 页。
④ 刘灿璞：《当代犯罪学》，群众出版社，1986，第 15 页。
⑤ 杨春洗、甘雨沛、杨敦先、杨殿升等：《刑法总论》，北京大学出版社，1981，第 2 页。

授予和人才培养学科目录（2011 年）》，由中国人民公安大学主导论证的
"公安学"被批准新增设为一级学科。2012 年 9 月，教育部颁布了《普通
高等学校本科专业目录（2012 年）》。在特设专业中，法学学科门类新增
"公安学类"一级学科，下辖 15 个二级学科，"犯罪学"位列其中。

犯罪学与公安学的重要内容都是与犯罪做斗争，在目标上具有一致
性。从犯罪治理的链条上看，犯罪学居于链条的前端，犯罪学主要是预防
犯罪的发生，公安学居于链条的中端，刑法学居于链条的后端，主要是惩
罚、打击犯罪，当然侦查犯罪与惩罚犯罪也都包含着预防犯罪的作用。可
以说，把犯罪学划归公安学也有一定合理性。

"学科研究对象决定学科性质。犯罪学的研究对象的复杂性，决定了
其学科性质必然能具有综合性"。[1] 学科是相对独立的知识体系。犯罪学
主要属于事实科学，它的研究对象不是作为规范学科的法学所能容纳的。
社会学、公安学尽管也研究犯罪问题，但无论从深度和广度而言，都无法
与犯罪学对犯罪问题的研究相比拟。"它是一门以法学为基础的综合性学
科，是一门既包括基础理论研究，又包括应用科学研究的重要学科，在社
会科学研究中占有重要的地位"。[2] 也有个别学者认为犯罪学属于自然科
学。"从其价值功能和取向方式上看，犯罪学的学科性质应属于社会医
学，亦即给社会医治疾病的医学"。[3] 尽管犯罪学需要借助自然科学的知
识和方法进行研究，但学科属性上主要还是社会科学。总之，犯罪学是以
法学（主要是刑法学）和社会学为基础，融合其他有关学科知识，研究
犯罪现象的产生、发展、变化规律，寻求犯罪原因和探索预防、减少以至
消灭犯罪之对策的学科，是一门新兴的、独立的、跨学科的、综合性社会
科学。犯罪学在学科性质上独立于法学、社会学、公安学等学科，而不是
从属于这些学科，也不属于边缘学科。

五　犯罪学的学科地位

犯罪学作为一门新兴学科，长期以来都不被学界重视，以致发展缓

---

① 李锡海：《与犯罪学学科地位相关的几个问题》，《山东社会科学》2004 年第 11 期。
② 康树华、王岱、冯树梁主编《犯罪学大辞书》，甘肃人民出版社，1995，第 273 页。
③ 宋浩波、靳高风主编《犯罪学》，复旦大学出版社，2009，第 12 页。

慢。提高犯罪学学科地位，有赖于加强犯罪学学科建设的长期努力。只有学科本身强大了，其学科地位也会水涨船高。对犯罪学学科建设的研究可以归入犯罪学的元研究。"元研究（meta-study）是指以学科本身、学科研究状态及其发展规律为研究对象的一种研究"。[1] 犯罪学的元研究主要包括犯罪学元理论研究和犯罪学元方法研究。

1998 年 7 月 6 日，教育部颁布了《普通高等学校本科专业目录》，"犯罪学（专业代码：030512S）"尚未被列入正式的专业目录，而仅仅是在少数高校试点的专业目录外，并且没有明确犯罪学的学科归属。犯罪学与刑法学、刑事侦查学、刑事诉讼法学、监狱学、社区矫正学、刑事政策学等刑事科学联系最为密切，在我国长期被视为刑法学的一个研究方向。因为刑法学是法学一级学科的二级学科，所以犯罪学最初的学科地位是三级学科。

2005 年，中国人民公安大学犯罪学系开办了全国高校唯一在办的犯罪学专业本科，授予法学学士学位。在《普通高等学校本科专业目录（2012 年）》特设专业中，"犯罪学"归属于法学学科门类下的"公安学类"一级学科之下。这是"犯罪学"首次被官方正式承认，学科地位也提升到二级学科。犯罪学长期以来屈居于刑法学二级学科之下的三级学科的命运已经改变。犯罪学学科被官方正式认可具有重要意义，尽管将"犯罪学"归属于"公安学"一级学科之下有待商榷，但"犯罪学"学科毕竟是被官方认可了，学术界多年的呼吁终于形成了一个良好的开端。就目前犯罪学的发展状况而言，将犯罪学定位为二级学科暂时也是可以接受的，犯罪学从民间的三级学科地位升格为官方的二级学科地位，也是来之不易的。犯罪学学科地位的提升需要循序渐进，而不是大跃进。学科的发展壮大需要一个过程，比如艺术学曾是文学门类的一级学科，2011 年已经升级为第十三个学科门类，同年世界史也由二级学科升级为历史学门类下的一级学科，马克思主义理论也从政治学的二级学科提升至与政治学并列的法学门类的一级学科。

从发展趋势上看，犯罪学"一级学科论"，应当是更为合理的。"犯

---

① 靳高风：《思考与展望：犯罪学发展路径的选择》，《刑事法评论》2008 年总第 22 卷，第 225 页。

罪学从学理原则和类别层级上，其性质是属于基础学科，即一级学科"。①犯罪学不应仅仅是公安学抑或法学的二级学科，而应当是与法学、公安学、社会学、政治学、民族学、马克思主义理论等一级学科一并归属于法学学科门类。犯罪学具有庞大的学科群，主要包括基础犯罪学、犯罪史学、犯罪学研究方法、犯罪社会学、犯罪心理学、犯罪生物学、犯罪经济学、犯罪地理学、犯罪文化学、犯罪统计学、比较犯罪学、青少年犯罪学、被害人学等分支学科。这些分支学科可以成为犯罪学的二级学科。将来，犯罪学通过加强学科建设有望逐步提升到一级学科的应然地位。

至于让犯罪学与经济学、史学等并驾齐驱，提高到学科门类地位的说法，则是拔苗助长、过于理想化了。

与刑法学、社会学等相邻学科相比，犯罪学的发展速度要慢得多。究其原因，既与教育主管部门不够重视有关，又与社会对犯罪学的功能与价值认识不足有关。犯罪学具有认识犯罪原因、发现犯罪规律、完善犯罪防控、促进刑事立法等功能，是一门重要的基础性学科。党的十八大报告指出，"深化平安建设，完善立体化社会治安防控体系，强化司法基本保障，依法防范和惩治违法犯罪活动，保障人民生命财产安全"。② 要实现这项目标，离不开发挥犯罪学的作用。犯罪学的主要落脚点在于预防犯罪，保障民生。

第三节　犯罪学与相邻学科的关系

犯罪学是一门交叉学科，与许多学科有着密切的联系。犯罪学要借鉴和吸收相邻学科的研究理论和方法，不断完善本学科的知识体系。从密切程度上讲，犯罪学与刑法学、刑事政策学、刑事侦查学、刑事诉讼法学、刑事执行法学等学科的关系紧密。犯罪学的支柱学科是法学（尤其是刑事法学）、社会学与心理学。犯罪学与社会学、心理学、伦理学、政治学

---

① 宋浩波、靳高风主编《犯罪学》，复旦大学出版社，2009，第 13 页。
② 胡锦涛：《坚定不移沿着中国特色社会主义道路前进　为全面建成小康社会而奋斗——在中国共产党第十八次全国代表大会上的报告》（2012 年 11 月 8 日），《人民日报》2012 年 11 月 18 日。

等学科的联系虽然也相当密切，但考虑到这些学科都属于一级学科，犯罪学为二级学科，本着相同级别学科作比较的原则，本书不单独对一、二级学科加以比较。

一　犯罪学与刑法学的关系

刑法学可以说是与犯罪学关系最为密切的学科，二者之间的关系极为重要。犯罪学脱胎于刑法学。虽然两个学科关于犯罪概念的含义有所不同，但是犯罪学中的犯罪概念是以刑法学中的犯罪概念为基础的。研究犯罪学，首先必须知道什么是"犯罪"，否则就是无的放矢。刑法学中犯罪的含义是一种法律概念，具有严格的限定性、法定性。而犯罪学中犯罪的含义还包括社会学中的越轨行为，犯罪概念更为宽泛。

从学术背景上讲，从事犯罪学研究的学者多具有法学专业背景。而从事犯罪学分支学科研究的学者中，从事犯罪社会学研究的学者多出身于社会学研究背景，比如犯罪学家严景耀，这种情况在美国更为普遍。从事犯罪心理学研究的学者多活跃于心理学领域，比如中国政法大学的罗大华教授、中国人民公安大学的李玫瑾教授等。更多的情况是，从事犯罪学研究的学者，也往往从事刑事法学研究。

刑法学主要是研究犯罪、刑事责任与刑罚的规范学科，从刑事立法和司法实践进行理论概括。狭义的刑法学指的是刑法解释学、注释刑法学。而犯罪学是主要研究犯罪现象、犯罪原因与犯罪预防的事实科学。可以说，刑法学是逻辑演绎的规范科学，犯罪学则是社会实证的经验科学。德国刑法学家耶赛克对二者的关系做出过形象比喻：没有犯罪学的刑法是个瞎子，没有刑法的犯罪学是无边无际的犯罪学。[1] 从职业特点上讲，陈兴良教授认为，"当一个称职的、优秀的犯罪学家实际上比当一个优秀的刑法学家要难得多，刑法学家是研究法律规范——它是现成的，是可以坐在书斋里研究的；而犯罪学家是绝不能只坐在书斋里研究，他必须要深入社会生活当中去，深入犯罪当中去，只有这样才能进行研究"。[2]

---

[1] 〔德〕汉斯·海因里希·耶赛克、托马斯·魏根特：《德国刑法教科书》，徐久生译，中国法制出版社，2001，第53页。

[2] 陈兴良主编《刑事法评论》第21卷，北京大学出版社，2007，第322页。

在目前所有的刑事科学中，刑法学无论从理论体系还是职业队伍角度来讲都是发展最为完备，也是最为强势的学科，是法学类专业中最重要的二级学科之一。相对于刑法学的"显学"地位，犯罪学则可以称为"隐学"。

刑法学是普通高等学校法学本科专业 16 门核心课程之一。刑法学领域的著名学者有中国人民大学荣誉一级教授高铭暄与王作富、武汉大学的马克昌教授、北京大学法学院的储槐植教授与陈兴良教授、中国政法大学的何秉松教授、清华大学法学院的张明楷教授等。

二 犯罪学与刑事政策学的关系

刑事政策是国家为保护社会和公民而采取的防控犯罪的措施总和。刑事政策学，是对国家刑事政策的制定、实施进行系统研究和理论概括的事实科学。"刑事政策"术语由德国刑法学家费尔巴哈首先提出，被李斯特加以推广。[①]

刑事政策学与犯罪学，两个学科有相同的宗旨，都是为了实现犯罪预防，但各自对犯罪问题研究的侧重点不同。犯罪学中的犯罪对策研究与刑事政策学在内容上有交叉。广义的犯罪学曾包括刑事政策学，但刑事政策学对刑事法学的指导功能增强、内容扩张、研究力量增强，使得刑事政策学发展为一门独立的学科。犯罪学中的犯罪对策，内容范围更为广泛和全面，参与主体众多。而刑事政策的决策主体是国家和执政党，具有浓厚的权力色彩。刑事政策以罪刑处置为主要内容。"刑事政策学研究的主要是惩治于已然犯罪的法律对策，而犯罪学研究的则是防患于未然之罪的综合性对策。"[②] 在两门学科的联系上，犯罪学是刑事政策学的基础学科、前提学科，刑事政策学是犯罪学的目的学科。"犯罪学为刑事政策学提供经验性基础，合理的刑事政策建立在对犯罪的正确认识之上。犯罪原因是刑事政策的起点，刑事政策是犯罪原因的归宿"。[③]

目前，我国的刑事政策学没有独立设置的本科专业，而是作为刑法学的

---

① 康树华、王岱、冯树梁主编《犯罪学大辞书》，甘肃人民出版社，1995，第 1026 页。

② 张远煌：《犯罪学原理》（第 2 版），法律出版社，2008，第 46 页。

③ 张小虎主编《犯罪学》，中国人民大学出版社，2013，第 14 页。

一个研究方向，设置在硕士研究生和博士研究生教学课程中。例如，中国人民大学法学院的谢望原教授就在刑法学专业中招收刑事政策学博士研究生。

我国学者翻译的日本刑事政策学著作，实际上主要还是犯罪学方面的内容，并不是严格意义上的刑事政策学。也可以理解为，在日本国家，刑事政策学与犯罪学几乎是同义语。

三 犯罪学与侦查学的关系

侦查学，是揭露和证实犯罪、查缉犯罪嫌疑人，专门研究侦查活动及其规律的相关理论和实践的学科，主要研究法定侦查主体针对刑事案件进行侦查活动时所采取的各种侦查程序、侦查措施、侦查技术和侦查方法。1893年，奥地利法官格罗斯首次提出"刑事侦查学"术语。[1] 侦查学是公安学专业下的二级学科。侦查学主要包括刑事犯罪侦查与经济犯罪侦查两大内容。侦查学有时也叫作刑事侦查学（广义）、犯罪侦查学，主要分支学科有侦查心理学[2]、侦查语言学[3]、现场勘查学等。

犯罪学与侦查学都研究犯罪现象。犯罪学侧重"罪前"研究、整体研究，侦查学侧重已然犯罪研究、微观研究。侦查学对犯罪研究更体现技术手段，侦查活动往往离不开刑事科学技术。犯罪学研究主要借助于社会学、心理学学科的研究方法。犯罪学与侦查学的密切联系体现在两门学科相互渗透和相互借鉴对方的研究成果上。犯罪学关于犯罪人个性特征、犯罪环境特点等方面的理论知识，对侦查活动提供理论指导，提高侦查实践效果。同时，"侦查学研究的防范措施和技术手段丰富和发展着犯罪学所关注的犯罪预防措施体系；侦查学所提供的大量关于犯罪行为和犯罪人的信息和材料，为犯罪学研究提供了充分的经验型素材，犯罪学借助于这些

---

[1] 曹建明、何勤华主编《大辞海·法学卷》（修订版），上海世纪出版股份有限公司、上海辞书出版社，2015，第450页。

[2] 侦查心理学（psychology of investigation），研究刑事案件侦查过程中侦查人员、犯罪嫌疑人及其他与案件有关人的心理活动规律与心理对策的分支学科。

[3] 侦查语言学（Investigation Linguistics），以现代语言学和刑事侦查学的理论、原则和方法研究分析特定语言材料以及语言材料与制作人之间的关系，为侦查破案和收集证据提供途径的学科。

经验性素材，可以准确地分析犯罪生成要素的组合状态，并通过剖析典型案件，系统地探析犯罪原因"。①

目前，开设侦查学专业的高校主要是政法类、警察类院校。侦查学的学科力量和地位都较为强大。1979 年，西南政法大学在全国率先设置刑事侦查学本科专业，2000 年组建刑事侦查学院。中国人民公安大学设有侦查学院。侦查学专业的研究生教育多在公安学类专业下或者作为诉讼法学专业的一个研究方向进行招生。

四　犯罪学与刑事诉讼法学的关系

刑事诉讼法学是法学二级学科——诉讼法学的重要分支学科，研究对象包括刑事诉讼法律规范、刑事诉讼实践和刑事诉讼理论。刑事诉讼主要包括侦查、起诉（公诉与自诉）、审判和执行等阶段。刑事诉讼法学，"不仅能起到一般预防和特殊预防犯罪的作用，而且能为系统地研究犯罪成因提供大量的统计数据以及涉及犯罪主客观因素的许多丰富、现实的情况和材料，这就为犯罪学对犯罪原因和犯罪预防的研究，创造一个客观有利的前提条件"。② 犯罪学对犯罪原因的多角度分析，则有利于刑事诉讼各个环节的顺利展开。

刑事诉讼法是普通高等学校法学本科专业 16 门核心课程之一。刑事诉讼法学的领军学者有中国政法大学终身教授陈光中、北京大学法学院的陈瑞华教授等。刑事诉讼法学学科力量和地位十分强大，仅次于刑法学。

五　犯罪学与刑事执行法学的关系

刑事执行法学包括监狱学与社区矫正学两大部分。监狱学以《监狱法》为依托，社区矫正学以即将颁布的《社区矫正法》③ 为依托。

监狱学，是研究监狱在刑罚执行过程中惩罚与改造罪犯及其运行规律的科学。监狱学专业是以培养符合国家公务员标准的监狱人民警察和政法

---

① 董邦俊、王志祥主编《犯罪学教程》，武汉大学出版社，2016，第 17 页。
② 邵名正主编《犯罪学》，群众出版社，1987，第 21 页。
③ 在全国人大常委会 2017 年立法工作计划中，已将社区矫正法列入当年初次审议的法律案。

职业人才为目标的专业。社区矫正制度在我国是新生事物，2003 年，社区矫正制度开展试点以来，在司法实践中产生了良好的效果。社区矫正立法逐渐推进。2016 年 12 月，国务院法制办公室公布《中华人民共和国社区矫正法（征求意见稿）》，向社会征求意见。社区矫正制度相关研究已经有一定积累。有研究者认为，"作为现代刑罚品质体现的一门新生学科，社区矫正学已初步形成"。①

从专业设置上讲，在《普通高等学校本科专业目录》（1998 年颁布）中，犯罪学与监狱学都是经教育部批准同意设置的目录外专业，犯罪学也是少数高校试点的目录外专业。在《普通高等学校本科专业目录》（2012 年颁布）中，犯罪学与监狱学都是普通高等学校本科特设专业，学科地位等同。区别是，犯罪学归属于公安类一级学科之下，监狱学归属于法学一级学科之下。并且，开设犯罪学本科专业的高校极其稀缺，目前只有中国人民公安大学设置了犯罪学本科专业，而监狱学的本科专业，现有中央司法警官学院（1997 年开始招生）、上海政法学院（2007 年开始招生）、山东政法学院（2007 年开始招生）、甘肃政法学院、福建警察学院、辽宁警察学院和新疆警察学院等高校开设。2005 年，中央司法警官学院监狱学学科被司法部批准为部级重点学科。2012 年，中央司法警官学院成立了二级学院——监狱学院（前身为 1995 年成立的监狱学系），为国内首家监狱学二级学院。

社区矫正学是与监狱学相对应的学科。目前，尚无独立设置的社区矫正学本科专业，社区矫正只是作为一个专业方向，设置在法学、监狱学、社会学等专业中。这一局面将随着社区矫正法的颁行而有所改观。

犯罪学与刑事执行法学关系密切。刑罚执行是一种特殊的犯罪预防方式，在犯罪学的预防重新犯罪研究方面具有重要意义。犯罪学中的犯罪原因理论知识对发挥刑罚执行效果具有指导价值。民国时期的犯罪学家、监狱学家孙雄先生认为，"监狱为感化犯罪机关，为救治犯罪场所。所谓感化，所谓救治，自当先探明其正确原因，而后能得圆满结果。故犯罪学，

---

① 连春亮：《现代刑罚成就的一门新学科：社区矫正学》，《河南司法警官职业学院学报》2011 年第 2 期。

亦为研究监狱学者所应当注意"。① "犯罪学的多种研究需要通过对已经犯罪的服刑人员的情况进行调查和研究，监狱和社区矫正的服刑人员为犯罪学提供了丰富的实证资料"。②

监狱学的学科力量强于犯罪学，但是相对于刑法学与刑事诉讼法学而言，犯罪学与监狱学都属于弱小学科。形成这种局面的因素是多方面的，"一门学科的建立以有相应的学校、学科、学业的综合存在为最终权威标志"。③

总之，犯罪学是"犯罪前"学科、源头学科、上游学科、基础学科，刑法学、刑事侦查学、刑事诉讼法学是"犯罪后"、"判决前"学科，监狱学是"判决后"学科、下游学科。这些学科都属于刑事科学，应当从刑事一体化的角度展开研究。

按刑事科学各学科功能发生作用的时间顺序，可以将犯罪学与相邻学科的关系排列如图 1－1 所示。

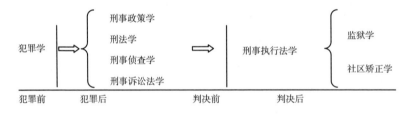

图 1－1 犯罪学与相邻学科的关系

当然，以上只是大致的划分。比如，犯罪学中的犯罪预防，主要是"犯罪前"的犯罪预防，也包括"判决后"的犯罪预防，即重新犯罪预防。实践中，各学科是一种相互作用的关系，具有互补性，每个学科只有结合其他学科的相关理论和方法，才能更好地发挥本学科的作用。

---

① 孙雄编著《监狱学》，商务印书馆，2011，第 14 页。
② 单勇主编《犯罪学教程》，厦门大学出版社，2012，第 68 页。
③ 王志亮：《中国监狱学的定性定位定职》，载严励主编《监狱学学科建设与发展》，中国法制出版社，2015，第 65 页。

第二章　犯罪学的理论体系

我国自从 20 世纪 80 年代以来，在犯罪学三十多年的发展历程中，逐步形成了犯罪学学科的理论体系，即犯罪学绪论、犯罪现象论、犯罪原因论、犯罪预防论、犯罪类型论等五个方面。犯罪原因论属于狭义犯罪学。犯罪预防论是犯罪学研究的核心，也是犯罪学研究的最终归宿。犯罪类型论是从犯罪现象中归纳总结出来的，是为了研究上的方便而从犯罪现象论中分离出来，从而使得犯罪类型论自成体系、相对独立。有学者认为，新犯罪学的理论体系是以犯罪现象的存在为核心，研究犯罪现象的产生、本质、存在形态、发展变化规律和对策。犯罪现象的存在是过去犯罪学不研究或很少研究的问题，人类目前对犯罪现象的存在规律的认识还相当有限。①

也有研究者将犯罪学划分为总论和分论两大部分，这是借用了刑法学的理论体系划分方式。犯罪学分论主要是犯罪类型研究，广义上属于犯罪现象的组成部分。犯罪学总分法在逻辑结构层次上显得有些失重。

第一节　绪论②

犯罪学理论体系中的绪论部分主要探讨犯罪学的一些基本问题，如犯罪的含义、研究对象、研究方法、历史沿革等。

---

① 王牧主编《新犯罪学》（第三版），高等教育出版社，2016，第 11 页。
② 绪论，学术著作的开头部分，多用来阐明全书的主旨及内容等。引论，与导论是同义语，指在论著的开头，概括介绍全书或全文的主旨和内容，对阅读起引导作用的论述，有时也指对某一学科做基本介绍的著作。总体而言，绪论、导论与引论三者含义相同，但使用"绪论"居多。

一 犯罪的含义

不同的学科,对犯罪的含义有不同的理解。比如,在伦理学上,认为犯罪是一种"恶","恶是指行为、品质对他人、社会有害的否定的道德性质"。① 下面主要从法学和社会学两个角度来观察犯罪的含义。

(一) 刑法学意义上的犯罪含义

没有法律就没有犯罪,没有法律就没有惩罚。犯罪是被刑事法律所禁止的应受刑罚的行为。这也是犯罪的法律含义,即狭义的犯罪概念。

(二) 犯罪学意义上的犯罪含义

从犯罪学角度上理解,犯罪是一种越轨行为,是违反社会规范的行为,属于社会病态的反映。行为规范是人们普遍认可并共同遵守的行为准则。刑法上的犯罪含义受罪刑法定原则的约束,即法律明文规定为犯罪行为的,依照法律定罪处罚,法律没有明文规定为犯罪行为的,不得定罪处罚。有的反社会行为 (antisocial behavior),尽管尚未被纳入刑法范畴,但从犯罪学意义上讲它已经构成了犯罪。犯罪的含义因不同的时代、社会、国家、阶级、性别、年龄、民族、种族等因素而有所不同。关于犯罪的含义,犯罪学上的理解比刑法学上的理解范围更为宽泛,对社会有害并造成一定损失的行为都可以被视为犯罪。在与刑法学犯罪概念的区别上,"现代犯罪学则坚持自己独立的价值取向,不依附于法定的犯罪概念,而是基于有效地预防和减少犯罪这一终极目的,对什么是犯罪的问题,提出自己的判断,并以此为基础,力求尽可能客观地分析和解决犯罪问题"。② 犯罪学意义上的犯罪概念,与刑法上的犯罪概念,既不是等同关系,也不是包含关系,而是交叉关系。刑法上,不能辨认或者控制自己行为的精神病人所实施的行为,不构成犯罪;精神病人在不能辨认或者控制自己行为的时候造成危害结果,经法定程序鉴定确定的,不负刑事责任。已满十六周岁的人为完全刑事责任能力人;已满十四周岁不满十六周岁的人为限制刑事责任能力人;不满十四周岁的人为无刑事

---

① 编写组编《伦理学》,高等教育出版社、人民出版社,2012,第 188 页。
② 张远煌、吴宗宪等:《犯罪学专题研究》,北京师范大学出版社,2011,第 9 页。

责任能力人，其所实施的行为在刑法上不构成犯罪，也不承担刑事责任。然而，在犯罪学上，无论是精神病人还是少年儿童，其所实施的危害社会的行为都被认为是越轨行为或犯罪行为。也就是说，犯罪学对犯罪含义的界定不考虑人的精神状态和年龄，只考虑行为人造成的社会危害后果，关注的是单纯的客观事实。犯罪学上的犯罪概念，更体现了犯罪预防的要求。而刑法学上的犯罪概念，是出于如何对行为人进行定罪量刑的考虑。

二 犯罪的分类

犯罪的概念相当广泛，对犯罪加以分类既易于理解犯罪也便于研究犯罪。

（一）刑法学上的犯罪分类

刑法学上的犯罪类型，分为类罪与个罪。我国刑法分则将犯罪划分为十种罪名，即危害国家安全罪，危害公共安全罪，破坏社会主义市场经济秩序罪，侵犯公民人身权利、民主权利罪，侵犯财产罪，妨害社会管理秩序罪，危害国防利益罪，贪污贿赂罪，渎职罪，军人违反职责罪。现行刑法（含十个刑法修正案）共计四百多个具体罪名。

（二）犯罪学上的犯罪分类

以行为是否违反伦理道德为标准，把犯罪分为自然犯和法定犯。该分类标准首创于意大利犯罪学家加罗法洛。自然犯一般侵犯个人法益，法定犯一般侵犯国家法益和社会法益。

自然犯，又叫刑事犯，是同时受伦理规范和法律规范双重禁止的犯罪。即使没有法律知识，仅凭伦理道德观念即可对这种行为做出有罪判断，例如对杀人、抢劫等行为的评判。

法定犯，又叫行政犯，是指违反行政法规中的禁止性规范并被刑事法规所规定的犯罪，例如职务犯罪、经济犯罪等。

以犯罪行为的性质为标准，主要可以分为人身犯罪和财产犯罪。人身犯罪即侵犯他人生命、健康的犯罪，如杀人、伤害等。财产犯罪即侵犯他人财产的犯罪，如抢劫、诈骗、盗窃等。

此外，还有重罪与轻罪等其他分类标准下的犯罪类型。

三 犯罪学的研究对象

具备特定的研究对象是构成一门学科的必备条件。"科学研究的区分，就是根据科学对象所具有的特殊的矛盾性。因此，对于某一现象的领域所特有的某一种矛盾的研究，就构成某一门科学的对象"。① 与研究对象相关的概念是研究范围与研究领域。研究范围是指某一学科在研究领域中具体的研究界限（Range of Study），称其为研究域；研究领域是某一学科所处的一个更大的研究范围集合（Research Field）。② 犯罪学的研究对象，主要是犯罪现象、犯罪原因和犯罪预防。其中，犯罪类型可包含于犯罪现象中，但一般单独列出。

（一）犯罪现象

犯罪现象是一种社会现象，是危害社会的反社会现象，为犯罪的表现形式与类型，是一定时空条件下所发生的全部犯罪的总和。犯罪现象是从整体上对个体犯罪、各类犯罪的总结与概括，是犯罪学研究的起点和基础。犯罪现象在历史上就早已存在，但是一般来说，我们主要关注的是当今社会的犯罪现象，并且以研究国内的犯罪现象为主，以关注国外的犯罪现象为辅，从而体现古为今用、洋为中用的实用主义原则。犯罪学通过对犯罪现象的研究和把握，来分析推测导致犯罪现象发生的因素，从而提出犯罪预防的对策。

犯罪现象包括犯罪行为（criminal behavior）、犯罪人（offense）、被害人（victim）等犯罪相关因素。有研究者认为，"犯罪行为是犯罪的个别现象，指犯罪的作为和不作为。而犯罪现象是指某一特定时空范围内犯罪行为的总和，是犯罪的一种普遍现象"。③ 犯罪学以犯罪人为研究中心。龙勃罗梭提出了著名的天生犯罪人论等理论。对被害人的研究已经形成犯罪学的一门分支学科，即被害人学。研究被害人，可以反映出犯罪现象的程度，从被害人角度提出预防犯罪的措施，加强对被害人的救助和保护。

---

① 毛泽东：《毛泽东选集》（第1卷），人民出版社，1991，第309页。
② 冯广京等：《中国土地科学学科建设研究》，中国社会科学出版社，2015，第21页。
③ 徐久生：《德语国家的犯罪学研究》，中国法制出版社，1999，第18页。

（二）犯罪原因

犯罪原因是指引起犯罪的社会因素和个体因素。"犯罪原因是导致犯罪发生的条件和引起犯罪发生的动力，研究犯罪原因是为了进一步认识犯罪现象及其形成的机制和解决的方法，探索预防、控制和消除的方略"。[1]犯罪原因是犯罪学研究的核心问题之一，狭义犯罪学一般指的是犯罪原因学。面对犯罪现象，深入把握犯罪原因，更加有利于开展犯罪预防。

犯罪原因是多元、多层次的动态系统。犯罪现象既可以是一因一果，也可以是多因一果。犯罪原因既有直接原因，又有间接原因；既有主观原因，又有客观原因；既有生物原因，又有生理原因；既有社会原因，又有自然原因；既有经济原因，又有政治原因、文化原因；等等。

（三）犯罪预防

犯罪预防，是犯罪学研究的落脚点和最终归宿。对犯罪现象与犯罪原因的研究，归根到底是为了寻求犯罪预防的措施与对策。犯罪预防的理论体系相对分散，尤其是随着科学技术的快速发展，犯罪预防的科技含量越来越重。犯罪预防从广义上讲，既包括犯罪行为发生前的积极避免活动，也包括对罪犯的矫治，从而防止其重新犯罪。狭义上的犯罪预防仅指犯罪前预防。犯罪预防离不开犯罪预测。犯罪预测是以犯罪数据为基础，基于历时性地分析犯罪发展趋势，对可能发生的犯罪现象所作出的预测。

犯罪预防的主要理论观点为情景预防，又称情境预防。犯罪"情境"包括时空、机会和条件等要素。情景预防是以环境犯罪学为理论基础的，20世纪80年代产生了情景犯罪预防理论（Situational Crime Prevention Theory，简称SCP），分析犯罪为什么在特定的环境中发生并寻求影响这些环境特征的方法的实践。环境犯罪学主要包括空间方位理论和破窗理论。

1981年，加拿大犯罪学家布兰丁汉姆夫妇出版了《环境犯罪学》一书，标志着此类研究已向集学科之大成发展。[2]

空间方位理论的含义是指基于环境设计的犯罪预防（Crime Prevention

---

① 宋浩波、靳高风主编《犯罪学》，复旦大学出版社，2009，第8页。
② 王发曾：《城市犯罪空间》，东南大学出版社，2012，第20页。

through Environmental Design，简称 CPTED)，即认为通过改变物理环境可以减少或消除犯罪机会，从而达到预防犯罪的效果。破窗理论，也称为破窗效应，是指环境中的不良现象如果被放任存在，会诱使人们仿效甚至变本加厉。一幢有少许破窗的建筑，如果窗户不被及时维修，将会产生某些示范性的纵容后果。久而久之，这些破窗户就给人造成一种无序的感觉，更多的破坏就会发生。

情景犯罪预防是一种技防措施。情景犯罪预防技术措施可以分为五大类。

第一类措施，增加犯罪难度，抑制犯罪人的犯罪动机。具体而言，一是加固目标，如安装牢固的防盗门锁；二是控制接触目标途径，如减少出入口数量、安装带门的栅栏；三是控制通道入口，如使用电子商品标签、凭票离开；四是转移犯罪者，如关闭街道、警务巡逻；五是控制犯罪工具，如禁止民间枪支买卖。

第二类措施，增加犯罪风险，使犯罪人感觉到被抓的可能性。一是强化保护，如邻里守望、结伴而行；二是强化自然监控，如增加街道灯光亮度、维护景观；三是减少匿名，如要求穿校服、出租车司机佩戴证件；四是加强地点管理，如要求店铺值班，每班有两名人员；五是使用正式监控，如安装摄像头和报警器。

第三类措施，减少犯罪回报。一是隐藏目标，如贵重物品放到汽车后备厢里而不是车窗里；二是转移目标，如店铺收银台现金每日存入银行；三是财产标识，如在汽车零部件上刻印车辆识别码；四是瓦解黑市，如监控可能销售被盗财物的典当商店和街头商贩；五是消除收益，如在汽车音响上安装可拆卸式防盗面板。

第四类措施，减少犯罪刺激，通过消除犯罪压力、冲突和诱惑的方法来改变社会和环境状况。一是减少挫折和压力，如高效管理航线，为排队人提供舒适的座位、音乐或其他娱乐活动；二是避免冲突，如制订合理的出租车价格；三是减少情绪刺激，如禁止在酒吧举行比基尼表演；四是消除同伙压力，如分散学校和体育赛事中的团体；五是防止模仿，如迅速修复破损财物。

第五类措施，通过改变社会行为来鼓励人们遵守法律。一是设定规则，如要求签订书面租赁合同、住宿登记；二是张贴告示，如张贴"禁止停车"等标识；三是唤起良知，如安装限速路标；四是为守法提供帮助，如在公共场所提供垃圾桶；五是控制毒品和酒精，如在酒吧安装酒精测试仪。[1]

情境预防思想主要采用三种理论模式，分别是理性选择理论、日常活动理论和环境犯罪学。理性选择理论（Rational choice theory）属于微观理论，该理论认为犯罪人是基于预期风险和预期收益对是否犯罪作出选择的，如果提供一个无风险的犯罪机会，任何人都会犯罪。当风险成本太高或者收益太低时，一个人不会选择犯罪。所以，通过在公共场所安装监控摄像头，增加潜在犯罪人可感知的被抓风险，可以减少犯罪。[2] 日常活动理论[3]（Routine Activities Theory），是重点关注社会层面行为的变化如何影响犯罪机会的理论。环境犯罪学（Environmental Criminology），重点关注犯罪者动机模式、犯罪机会、受害者保护和犯罪发生环境。只有当存在犯罪机会时，犯罪才会发生。一些环境比其他环境包含更多的犯罪机会。通过分析潜在犯罪环境，理解该犯罪环境中的犯罪机会，通过改变环境和受害者行为来减少或消除这类犯罪机会非常重要。

犯罪预防分为三个层次，即犯罪的社会预防、专门预防和个人预防。

犯罪的社会预防，即一般预防、宏观预防。社会预防是宏观预防，是指发展完善经济、政治、文化、教育、科技等领域，进行综合治理。家庭预防和学校预防，是早期预防、事前预防和微观预防。家庭是社会的基本细胞，学校是教育的主要阵地。我们常说"从娃娃抓起"，这句话在犯罪预防方面也适用。群众预防，是指依靠广大人民群众和社会各方面的力量积极参与社会治安综合治理，搞好犯罪预防工作的防范机制。这是群众路

---

[1] 〔美〕蕾切尔·博巴·桑托斯：《犯罪分析与犯罪制图》，金城、郑滋椀译，人民出版社，2014，第35~43页。

[2] 〔美〕蕾切尔·博巴·桑托斯：《犯罪分析与犯罪制图》，金城、郑滋椀译，人民出版社，2014，第38页。

[3] 根据日常活动理论，犯罪事件的发生要有犯罪动机的人、潜在的被害目标和缺乏适当的防卫力量，三个因素同时具备，在时间与空间上的汇集便产生了犯罪事件。如果通过各种措施降低潜在目标的易被害性、增大对目标的保护力度，就能够迫使行为人无法实施或难以顺利实施犯罪行为，从而起到预防犯罪的作用。

线在犯罪预防领域的体现。例如，社会上发生重大恶性事件时，公安部门都会发布通缉令，悬赏缉拿作案分子。群众的积极参与对于协助公安机关抓获犯罪分子非常重要。比较典型的例子是，北京朝阳群众成为在举报违法犯罪案件中声名远播的群体。①

犯罪的专门预防，即专业预防，是指社会治安综合治理部门、公安机关、检察院、法院、司法行政机关等专门机关发挥各自职能，加强预防犯罪工作的防范机制。专门预防部门通过组织、宣传、调解、打击等职能，起到预防犯罪的作用。专门预防既有事前预防，也有事后预防，但主要是打击犯罪的事后预防。专门预防体现了重点预防和特殊预防。

犯罪的个人预防，即微观预防、心理预防，实际上是被害预防。当社会预防和专门预防等其他预防措施难以奏效时，个人预防尤为重要。

四　犯罪学的学科价值

犯罪学既是基础性学科，又是实践性很强的理论学科。可以从不同的角度总结出犯罪学学科的多种功能和积极作用。

（一）解释功能

通过犯罪学的研究，可以回答人"为什么"会犯罪的这种长期困扰人类社会的严重问题。凡是涉及解释，必然会带有主观色彩。所以，犯罪学对犯罪问题的解释应该建立在实证基础之上，而不是空泛的设想。因此，可以说实证研究方法是犯罪学的生命。

（二）决策咨询功能

犯罪学的下游学科很多，紧随其后的是刑事政策学。刑事政策是一种国家层面的政策，一般规定在党的文献中和全国人大的规范性文件中。刑事政策的制定，需要犯罪学提供必要的理论论证。犯罪学的核心功能是参与政府和企业的决策。国家刑事政策的制定是一项重大决策，涉及面广泛，影响因素众多，需要借助于犯罪学等刑事科学的理论与方法，进行调查研究、科学论证，突出问题意识，为科学决策提供智力支持。所以说，

① 来自北京朝阳区的居民，曾参与破获多起明星吸毒等引起媒体广泛关注的案件，被网友称为"朝阳群众"。

犯罪学在刑事政策制定、决策与咨询等方面发挥着重要的智库作用。

目前，在犯罪学领域，最高层面的理论研究与政策咨询机构是司法部预防犯罪研究所。有的高校和科研机构也设置了相关机构，比如四川省犯罪防控研究中心①、湖南大学犯罪学研究所等。这些机构的成果转化成实务应用，产生社会效益与经济效益，发挥着思想库、智囊团的作用。"犯罪学通过将其研究成果转化为刑事立法与刑事司法的理论资源，来实现其社会价值"。②

（三）预防犯罪功能

犯罪学研究的最终目的就是预防犯罪。每当社会上有犯罪案件发生，人们通过互联网、微信朋友圈等大众媒介就会迅速获悉。人们尤其关注发生在自己身边的犯罪案件。推己及人，居安思危，是正常的思维习惯。要想保障人身和财产安全，需要相关的基本知识储备。为了提高人们遭受犯罪侵害时的防范能力，应该把犯罪学研究成果通过传媒进行推介，普及犯罪学知识，引导群众在生活和工作中自觉地抵制犯罪、远离犯罪。

五　犯罪学研究方法

每个学科都有它的研究方法，研究方法是否科学，影响着学科的研究与发展。犯罪学是一门综合性、交叉性学科，也是一门年轻的学科。犯罪学需要从多学科角度进行研究。犯罪学学科既要进行定量分析，也要进行定性分析。既要抽象归纳，又要调查研究，理论联系实际；并且还要进行整体系统研究、比较研究，以及历时性研究与共时性研究、国际化研究与本土化研究。总之，犯罪学需要开展多元化、科际整合研究。

（一）实证方法与思辨方法

实证方法即实际证明的方法，又叫客观方法或无偏见的方法，是超越和排除价值判断，通过对实地调查和观察所得的经验材料的考察，以

---

① 2004年4月，四川省犯罪防控研究中心经四川省社科联和四川省教育厅共同批准成立，为四川省人文社会科学重点研究基地，前身为2002年10月成立的西南科技大学犯罪防控研究中心。该中心主任廖斌教授，系法学博士，西南科技大学法学院党委书记，2013年被四川省人民政府批准为四川省学术和技术带头人。
② 宋浩波主编《犯罪学新编》，中国人民公安大学出版社，2003，第21页。

分析和预测一定社会行为客观效果的一种研究方法，研究者是中立的观察者，没有价值的倾向性。具体方法包括问卷法、文献法、统计研究法等。

虽然犯罪生物学创始人龙勃罗梭的天生犯罪人论在理论上饱受争议，也失之偏颇，但是龙勃罗梭等早期学者富于开创性的科学精神值得我们学习。尤其是龙勃罗梭开了运用实证方法研究犯罪问题的先河，创立了实证犯罪学派（亦称意大利实证学派），使实证研究成为犯罪学的主要研究方法。犯罪学属于事实科学，主要是用实证方法分析犯罪产生的原因，用事实说话更具有说服力。

在犯罪学史上，比较著名的实证研究是发生在20世纪二三十年代的中国犯罪问题调查。1927年夏，我国著名犯罪学家严景耀教授，在当时的北平第一监狱甘做一名志愿"犯人"，与犯人共同生活，通过与服刑犯人谈话、做问卷调查、搜集个案，了解犯罪者生活史。1928～1930年，他在燕京大学执教期间，带领学生对20个城市的犯罪情况进行调查，收集各种犯罪类型300多件个案，并从12个省的监狱记录中抄编了一些统计资料。严景耀的博士论文《中国的犯罪问题与社会变迁的关系》，就是根据广泛访问犯人的调查资料进行分析研究、论证中国社会变迁产生犯罪问题的理论而写成的。[①]

在国外，实证研究在犯罪学研究中开展得非常普遍，很多犯罪学家都是通过实证的方法对研究假设进行检验。基于犯罪问题的严重性和充分的研究经费保障等因素，美国成为当代世界犯罪学研究的中心。

比较而言，国内犯罪学实证研究力度明显不足，可谓长于思辨、短于实证。究其原因，一是官方对犯罪统计资料严格保密，导致研究人员难以获得犯罪统计的官方资料，缺乏权威统计资料的犯罪学研究举步维艰。二是犯罪学学科地位低下。长期以来，犯罪学的学科地位一直未获得教育主管部门的足够重视。三是申请科研经费困难。犯罪学学科地位低下的连锁反应，导致犯罪学在科研基金项目设置上总是被边缘化。缺乏经费支持的

---

① 严景耀：《中国的犯罪问题与社会变迁的关系》，吴桢译，北京大学出版社，1986，第3～4、209～211页。

研究难以为继。四是团队建设问题。搞实证研究，尤其是大型的调查研究，仅靠个人力量是难以完成的。然而，要想组建一个训练有素的专业团队也不是一件容易的事。这里既有人员调配问题，也有科研成果评价问题。在科研成果评价体系上，很多研究机构对项目主持人之外的参与人的成果评估大大降低，在排序上限制得也很严格。这就削弱了研究人员的团队参与热情。总之，要想真正开展实证研究，需要解决以上几个先行条件，希望能够引起有关部门的充分关注。

强调犯罪学实证研究方法，也不能忽视思辨研究方法。犯罪学有自己的严密逻辑体系和深刻的理论诠释，需要加以思辨研究。思辨是抽象推理，区别于表象与经验。思辨方法是辩证思维的逻辑手段，是一种理论思维方法。思辨方法主要有演绎、分析、比较等具体方法。犯罪学学科建设问题属于犯罪学基本理论研究问题之一，必然要运用思辨的研究方法。

（二）定量分析与定性分析

定量分析需要借助数理统计方法，又称作统计分析，是对研究对象进行计算和测量，是基于统计数据来测试研究者对研究课题的事先假设，基本方法是抽样方法。定性研究侧重对事物本质和特征的探究，是用直觉、观察和历史的方法来说明和解释现象，具有主观性。具体方法有访谈法、座谈法等。定量方法与定性方法有时是交叉使用的。

此外，还应进行跨学科研究，打破学科界限，各学科理论与方法共享、优势互补。犯罪学在人文社会学科内部有交叉与融合，比如犯罪社会学、犯罪经济学等；犯罪学与自然科学的交叉与融合，如犯罪生物学等。研究方法上的借用与融合，主要体现在犯罪统计学学科上。

第二节 犯罪现象论

犯罪现象是以具体犯罪行为为表现的，具有群体性与普遍性。犯罪学研究的目的及归宿是犯罪预防，但是犯罪学研究是从已经发生的犯罪现象开始的。而刑法学是直接针对已然犯罪展开。犯罪现象的表现形式包括犯罪状况、犯罪结构与犯罪动态。犯罪状况即犯罪率。由于存在犯罪黑数，所以犯罪总体状况是个概数,难以确切统计。犯罪结构包括犯罪主体结构、犯罪行为结构和犯罪被害结构。犯罪动态的指标包含犯罪高峰期、犯罪趋势、犯罪规律等方面。犯罪结构和犯罪动态分别从静态与动态角度表现犯罪现象的性质与特点、发展与变化等因素。

一　犯罪现象概论

犯罪现象具有以下几个方面的特征。

第一,犯罪现象具有阶级性。

犯罪与国家、法律一样,都是在社会分裂为阶级以后产生的,都是阶级对立的产物,具有鲜明的时代特征。虽然原始社会也有伤害、杀人行为,但是当时没有国家与法律,就无所谓犯罪行为。只有到了阶级社会,产生了法律,犯罪行为才有了阶级性与法律规定性。

第二,犯罪现象具有相对性。

犯罪现象的相对性是指,对某一行为是否构成犯罪的评判因阶级与时空而存在差异。不同阶级对同一行为有不同的评价标准。封建社会的农民起义,统治阶级认为是严重的犯罪行为,而受压迫者则认为是正义行为;不同历史时期对同一行为有不同的认定。不同的国家对同一行为的涉罪判断体现民族价值观的差异。犯罪现象具有季节性、区域性特征。

第三,犯罪现象具有社会性。

犯罪是一种社会病态现象,是由多种社会因素造成的。犯罪是在人的社会活动中发生的,侵犯了社会秩序,破坏了社会关系。犯罪的社会性特征明显。

二　犯罪人

没有犯罪人就没有犯罪,犯罪人是犯罪行为的实施人。犯罪学中的犯罪人,是指实施了危害社会的违法犯罪行为,应该被采取矫治措施的人。犯罪学意义上的犯罪人不同于刑法学意义上的犯罪人。刑法学上的犯罪人应当具备刑事责任年龄,承受一定的刑事责任和刑罚处罚。犯罪学研究犯罪人,更多关注的是人为什么会犯罪,如何避免人实施犯罪。作为犯罪主体,犯罪人具有生物属性,也有社会属性。犯罪人的人口学特征，诸如性别、年龄、家庭状况、受教育程度、职业等，是犯罪学研究的重要方面。

三　犯罪行为

刑法学上的犯罪行为是指危害社会并为刑法所禁止的行为。犯罪学上的犯罪行为范围更为广泛，既包括刑法学上的犯罪行为，也包括违法行为和不良行为。这是因为两个学科的研究目的不同。刑法学研究犯罪行为的目的在于定罪量刑，因此刑法学研究犯罪行为应该严格按照刑法的规定，否则就会混淆罪与非罪的界限。而犯罪学研究犯罪行为，目的在于预防犯罪。[①]

四　被害人

被害，一般可以从两个层面来理解。一是，受到人为的伤害、杀害。二是，遭受自然灾害，比如在地震、旱涝灾害中遭受损害。在犯罪被害人学中，仅指第一层含义。

被害人，是加害人的对称，权威的《现代汉语词典》最近三个版本对其作出了不同的解释。第一种解释："指刑事、民事案件中受犯罪行为侵害的人"[②]，第二种解释："指刑事案件中受犯罪行为侵害的人"[③]，第三种解释："指刑事案件中人身权利、财产权利和其他合法权益受到犯罪行为侵害的人"。[④] 第一种比较简单，且存在错误。第二种解释虽然更正了错误，但仍显得释义简单。第三种解释内容较为丰富，是最接近"被害人"含义的一版，但还是不够准确，并且，"刑事案件中"的限定语也是可有可无的，因为"受到犯罪行为侵害"显然就体现了刑事案件的含义，增加这个限定也就是起到个强调的作用。

---

① 康树华、王岱、冯树梁主编《犯罪学大辞书》，甘肃人民出版社，1995，第269页。

② 中国社会科学院语言研究所词典编辑室编《现代汉语词典》（增补本），商务印书馆，2002，第57页。

③ 中国社会科学院语言研究所词典编辑室编《现代汉语词典》（第5版），商务印书馆，2005，第61页。

④ 中国社会科学院语言研究所词典编辑室编《现代汉语词典》（第6版），商务印书馆，2012，第59页。该词典2016年第7版，该词条释义与第6版相同。

被害人是刑事案件的专门术语，民事案件不存在犯罪行为，即便是刑事附带民事诉讼案件，也是由刑事审判庭审判，本质上是刑事案件，而不是民事案件。并且，对"被害人"中的"人"应作扩大理解，这不仅指自然人，也包括公司、企业、事业单位、机关、团体等组织。刑法学上的犯罪主体就包括犯罪的自然人和单位。如果被害人重伤或死亡，可能会存在间接受害人，也即被害人需要供养的父母、子女等，但这些人都不能称作被害人。刑法学上的类罪名——危害国家安全罪，属于政治犯、国事犯，侵害的是国家安全利益，危害公共安全罪侵害的是社会公共安全利益。

综上，所谓被害人，是指遭受犯罪行为直接侵害而受到财产权利、人身权利或者其他权益损失的承受者，主要是自然人，即个体被害人，也可指单位。广义上的被害人还包括社会和国家，单位、社会和国家属于集体被害人。集体被害人区别于个体被害人最主要的特点是不存在人身损害。单位以及国家与社会的整体作为被害人，最后还是会着落到个人身上。所以说，被害人学最核心的研究对象是个体被害人。个体被害人遭受的损害也是最为广泛的。

我们通常所说的"犯罪被害人"与"被害人"意思相同。因为自然灾害中的受害对象一般被称作"灾民"，而不叫"被害人"。所以，将"犯罪被害人"简称为"被害人"不会造成理解上的混乱。需要说明的是，"犯罪被害人"的提法有强调该用语是在犯罪学领域中使用的意味。在刑事法学中，类似的提法是"刑事被害人"，比如在全国人大的立法规划中就出现了该用语。①

与被害、被害人密切相关的用语是受害、受害人。它们的区别在于，"被害、被害人"在刑事科学中使用，而"受害、受害人"用于民事法学中。②

在民事诉讼中，"受害人"是指因侵权行为而遭受人身或财产损害的

---

① 《刑事被害人救助法》被列为十二届全国人大常委会立法规划中。

② 《中华人民共和国民法总则》（2017年3月15日第十二届全国人民代表大会第五次会议通过）第一百八十三条规定，因保护他人民事权益使自己受到损害的，由侵权人承担民事责任，受益人可以给予适当补偿。没有侵权人、侵权人逃逸或者无力承担民事责任，受害人请求补偿的，受益人应当给予适当补偿。

人。在非正式场合，被害人也被称作"被害者"，受害人也被称作"受害者"，但两个术语的后一种提法都不是法律专有名词。

第三节 犯罪原因论

早在民国时期，"犯罪原因论"就作为独立编章出现在犯罪学译著中①，犯罪学之所以在狭义上被称为犯罪原因学，由此可见一斑。关于犯罪原因的学说，比较受关注的有下面几种。

一 犯罪人类学派

从身体构造方面探索犯罪原因的一种资产阶级理论。龙勃罗梭首先从人类学的角度对犯罪者进行研究。他根据自己对精神病人和服刑犯人的观察和检定的结果，于1876年发表《犯罪人论》，提出天生犯罪人类型说。他认为，这一类犯人由于有着与生俱来的身体构造方面的特征，必然会走上犯罪道路。天生犯罪人是由隔世遗传而来的野蛮人的返祖现象，是人类学上的变种。天生犯罪人说问世以后，受到来自各方面的抨击。这种学说本身虽没有实际的科学价值，但对犯罪者进行研究的方法被继承了下来。

二 犯罪生物学派

进入20世纪，资本主义国家的一些犯罪学学者继承了龙勃罗梭关于犯罪者是人类的变种的想法，提出了犯罪者是不是异常人的问题，广泛地从生物学、生理学、心理学、精神病学等方面进行研究。其中属于犯罪生物学方面的，除体质性格类型学外，还包括关于内分泌腺、遗传基因、犯罪者家族、孪生儿等与犯罪的关系的研究。犯罪生物学派不像龙勃罗梭那样，认为犯罪者具有与社会、个人环境无关的必然陷于犯罪的素质，而是广泛地研究体质、性格、环境与犯罪的关系，这就在某种程度上避免了犯罪人类学派的武断性。

---

① 〔意〕朗伯罗梭：《朗伯罗梭氏犯罪学》，刘麟生译，商务印书馆，1929，第1页。该书分两册，第一册为第一编犯罪原因论，第二册为第二编犯罪之预防法及治疗法、第三编综合论与应用法。

三 犯罪心理学派

这是研究人的心理状态同犯罪的关系的一种理论。龙勃罗梭提到过天生犯罪人的精神特征是变质的精神状态。其学生加罗法洛则提到由于缺乏基本的道德感情（同情、正直）而实施犯罪，属于自然犯的行为，是典型的犯罪者。后来的犯罪心理学不同，侧重研究一般人的精神状态与犯罪的关系。在这方面具有一定代表性的是弗洛伊德的精神分析学说和他的学生阿德勒的个性心理学。弗洛伊德认为刑罚是没有意义的。阿德勒认为犯罪的主要原因是"自卑感复合"。当人的生活本能在社会生活进程中受到压制，便产生自卑感，更由于不自觉的欲求而产生犯罪，其原动力则是遗传的与生俱来的征服欲或权势欲。伴随着资本主义而来的贫富悬殊，经济的、社会的压迫加剧，使自卑感和反抗心增强。

四 犯罪社会学派

这是从社会环境方面探索犯罪原因的理论。首先开拓这一领域的是产生于19世纪30年代的犯罪统计学派的主要代表人物凯特莱（1796～1874）和法国的盖里（1802～1866）等，他们运用统计方法，从资本主义社会的犯罪现象与年龄、性别、种族、职业、经济、地域、季节、气候等的联系中，发现犯罪的种类和频率每年相同，从犯罪者的年龄、性别、贫富、城市与乡村的对比中，亦发现同样的规律性。凯特莱认为，社会本身孕育着犯罪的胚胎，任何社会，作为其必然结果，都会产生一定数量的犯罪。他们的结论是，作为一个总体的资本主义社会犯罪现象，其发生是由社会原因决定的。

五 社会控制理论①

社会控制理论是解释青少年犯罪的常用理论。该理论的四个构成要素

---

① 刘可道：《赫希的社会控制理论与青少年犯罪——武汉"12·1"银行特大爆炸案的犯罪学思考》，《青少年犯罪问题》2013年第3期。

细化了青少年犯罪的成因。

美国当代著名的社会学家、犯罪学家特拉维斯·赫希（Travis Hirschi，1935～　　）在其1969年出版的代表作《少年犯罪原因》（*Cause of Delinquency*）中提出了社会控制理论（Social Control Theory），也称为社会纽带理论（Social Bond Theory）、社会凝聚理论、社会联结理论、社会约束理论。该理论着重从微观角度分析个人的犯罪原因，认为青少年犯罪是个体与社会纽带联系松散或者破裂的结果。个人会受其内在的动物本能驱使实施犯罪行为，除非有其他因素的阻止。个体的犯罪行为取决于社会控制因素作用的强弱。这种社会控制就是社会联系，诸如个人与父母、亲朋、老师、同事、雇主的关系。"绝大多数人未从事犯罪活动是因为他们担心犯罪会使他们失去家庭、亲朋、学校、邻里等重要社会因素的联带或凝聚"。[①] 青少年如果与社会建立了密切的社会联系便不会轻易犯罪，反之，如果青少年与社会联系微弱，稍有犯罪动机便会导致犯罪发生。社会联系由四个要素组成，即感情依恋（attachment）、目标投入（commitment）、常规参与（involvement）、观念认同（belief）。"社会联系的诸要素之间既相互区别又相互影响。例如，对传统的人们有着依恋的人，也更有可能卷入传统的活动，更有可能接受传统的行为准则；而一个与传统的人们疏远的人，也很可能不赞成传统的价值观念，不愿意投身于为这种价值目标努力的活动"。[②]

感情依恋（也译作"依附"、"附着"、"联结感"），是指个人与他人或者群体的依恋关系。在这种依恋关系中，对父母、老师和朋友的依恋是三种重要的感情联系，尤其是青少年与父母的依恋关系最为重要。青少年具备良好的依恋关系会对违法犯罪具有良好的免疫力。

目标投入（也译作"约束"、"承诺"），是指个人对社会主流行为投入的时间、物力和财力。对学业和职业发展有很高期待感的青少年最不容易产生犯罪倾向，因为他要考虑违法犯罪行为可能带来的不利后果。尤其是个人在学业和职业发展上已付出大量时间和精力，一旦违法犯罪，就会

---

① 江山何：《犯罪学理论》，格致出版社、上海人民出版社，2008，第107页。
② 张小虎：《转型期中国社会犯罪原因探析》，北京师范大学出版社，2002，第119页。

导致其前途、名誉损失，从而对其人生长期目标造成损害。

常规参与（也译作"卷入"），是指花费时间和精力参加日常活动。个人的精力是有限的，个体参与顺应社会的活动，比如人际交往、各种文体活动等，让合法行为占用时间和精力就会减少非法行为的机会，对犯罪就会有阻止作用。西谚有云，无所事事的人的手是罪恶的工厂（idle hands are the devil's workshop），闲则生非。

正如法国著名的社会学家埃米尔·迪尔凯姆所言，我们的道德化程度和我们的社会化程度是一致的（We are moral being to the extent that we are social beings）。

观念认同（也译作"信念"、"信仰"），是指个人对主流社会倡导的法律和道德观念的认同程度。如果缺乏或削弱此类信念，不尊重法律或道德规范，个人就可能产生越轨或犯罪行为。

犯罪人已经受到应有的惩罚，如何避免类似事故的重演是摆在我们面前的一个重要课题。赫希的社会控制理论，主要是用来解释青少年犯罪原因的，但从另一个角度上讲，该理论也能用来开展犯罪防控。

从"感情依恋"层面讲，首先，父母对青少年子女，尤其是未成家的子女，应当给予更多的关爱。有的父母尽管无法从专业知识和择业能力上对子女进行各种指导，但在生活上多给子女一分关切、多一分牵挂还是能够做到的。我国传统家庭教育理念有"子不教，父之过"一说。其中"教"的含义是多方面的。"爱"也是一种教育，爱亲人、爱自己、爱社会，爱的力量越强大，道德水准也会越高。父母与子女相互依恋程度越高，青少年抵制越轨行为的能力也就会越强。其次，除了对父母的依恋外，对老师和学校的依恋也很重要。"家庭和学校都是重要的社会控制机构，但在当前的社会环境下，家庭正变得十分脆弱和不稳定，其社会控制功能和帮助青少年社会化功能均受到削弱，而学校相关功能的发挥则日显重要"。① 我国唐代著名文人韩愈曾言："师者，所以传道授业解惑也。"也就是说教育是一种综合的过程，道德教育、传授学业和答疑解惑三者缺

---

① 陈晓明：《学校与青少年犯罪防范：以社会控制理论为基础》，《青少年犯罪问题》2004年第4期。

一不可，否则，难以培养出好学生。老师的言传身教对学生的影响是关键的，也是长久的。老师以自身的人格魅力感染学生，与学生形成良好的互动关系。今日我以母校为荣，明日母校以我为傲。学生对母校的依恋感、荣耀感对其以后的成长有很大帮助。再次，个人对朋友的依恋也不能少。朋友多了路好走，青少年具有良好的同学圈子、朋友圈子对其工作和生活都有很大裨益。近朱者赤，近墨者黑。青少年如果有不良交往，就可能产生越轨倾向。

据港媒报道，两名美国学者与一名瑞典学者因研究如何避免孩子学坏，获得 2015 年度斯德哥尔摩犯罪学奖。三人研究指出，父母与子女保持良好关系是避免下一代误入歧途的关键因素，即使父母本身是罪犯，情况也一样。其中，亚利桑那大学社会学教授赫什齐（Travis Hirschi）分析了与旧金山郊区 4077 名青少年有关的警方纪录、自我汇报犯罪活动等资料，发现亲子关系决定孩子是否有积极的人生态度。即使父母本身犯过罪，而子女哪怕只与双亲其中之一关系密切，也有利于避免误入歧途，甚至对警察更为尊重。纽约约翰杰伊刑事司法学院心理学教授维多姆（Cathy Spatz Widom）以美国中西部一座城市里 908 名曾受罪案之害或缺乏成人照顾的孩子为研究对象，发现所谓的"暴力循环"理论并不准确。在英国剑桥大学任教的瑞典犯罪学家韦克斯特罗姆（Per-Olof Wikstrom）则发现，父母在阻止子女与不良分子接触及树立道德规范上扮演关键角色。①

从"目标投入"层面讲，无论是大中专生还是研究生，父母如果没有能力为其规划未来的学业和职业目标，由学校来培养青少年学生树立正确的人生目标就显得格外重要。当青少年有了明确的学业与职业规划，他们就会为实现这个目标而不懈努力。人生的理想就是理想的生活。为了理想而奋斗，即使遭遇一定的挫折，也应以正当手段来面对，而不至于以身试法。

从"常规参与"层面讲，父母要经常为青少年子女创造条件，让孩子们有机会参与各种社会活动，丰富孩子们的业余文化生活，培养孩子们的业余爱好。比如多带孩子们走亲访友，接触社会。学校教育方面，要重

---

① 《3 名学者获得犯罪学奖　找到避免孩子学坏的关键》，中国台州网，http://www. taizhou. com. cn/jiaoju/2015 - 11/12/content_ 2543382. htm。

视学生的文体娱乐活动，使之养成较强的人际交往能力和健康的生活习惯。青少年学生也要结合自己的兴趣爱好发展个人的特长。一个爱好广泛的青少年，有更多的机会参与各种社会活动，也会有更多的机会学习他人身上的优点，从而有利于自我提高。

从"观念认同"层面讲，青少年形成正确的价值观、人生观和道德观在其人生道路上具有举足轻重的作用。学校教育不能功利化，不能为片面追求升学率和就业率，而一味强调学习专业知识，忽略对青少年学生的法制教育、道德教育和预防犯罪教育。预防青少年犯罪教育的目的，是增强其法制观念，使其懂得违法和犯罪行为对个人、家庭、社会造成的危害，违法和犯罪行为应当承担的法律责任，树立遵纪守法和防范违法犯罪意识。对于已满十六周岁不满十八周岁准备就业的未成年人，职业教育培训机构、用人单位应当将法律知识和预防犯罪教育纳入职业培训的内容。我们常说的"德智体美劳"，"德"排在第一位。一个没有道德的人，智力再高，能力再强，又有何用？失德者能力越强，对社会的破坏力越大。

赫希的社会控制理论具有实证性、广泛适用性和可操作性。该理论是在进行大量实际调查和理论研究后提出来的。作为理论的基础的数据资料，是他对随机分层抽样选出的 5545 名中学生进行问卷调查，并对回收的 4077 份完整的问卷（占样本总数的 73.5%）进行分析后获得的。[①] 赫希的社会控制理论是 20 世纪后半期产生的最有影响力的犯罪学理论之一，也是实用主义犯罪学三大理论之一（其他两个是差别交往理论和紧张理论），受到了学者们的普遍认可，具有重要的理论价值和实践意义。

第四节　犯罪预防论

一　犯罪对策、犯罪防控、犯罪防治、犯罪治理与犯罪预防辨析

尽管学者们从不同的角度，对犯罪学理论体系有不同的理解，但总体上都会包含五大方面，只是提法上有所不同。其中，对犯罪预防论的表述

---

① 吴宗宪：《西方犯罪学史》（第四卷），中国人民公安大学出版社，2010，第 1171 页。

差异最大。有鉴于此，有必要对犯罪预防相关概念加以比较分析。

犯罪预防，从刑法角度讲，体现为刑罚预防犯罪。刑罚功能表现在预防犯罪上分为一般预防与特殊预防。刑法上的犯罪治理更侧重于惩罚、惩治和打击犯罪，虽然也有预防犯罪的附加作用。从犯罪学角度讲，犯罪预防分为社会预防和自我预防，一般针对的是未然犯罪，为事先采取措施进行预防，从而与针对已然犯罪的刑法上的刑罚预防有所不同。目前，最高层次的犯罪预防机构是最高人民检察院职务犯罪预防厅。各省市县级检察院也相应设置了犯罪预防部门。预防犯罪专业委员会为中国犯罪学学会分支机构之一。

犯罪防治，指的是犯罪的预防和治疗，涵盖犯罪预防（含被害预防）、刑罚预防（涉及刑法、刑事诉讼法）和刑事执行（涉及监狱法和社区矫正法）。

犯罪防控，指的是犯罪预防和犯罪控制。犯罪控制，主要针对已然犯罪现状，采用各种手段和措施，使犯罪率不能超出当前范围，属于犯罪的正式控制措施，具有事后性的特点。

犯罪对策，含义更为广泛，包括预防犯罪和惩罚犯罪的各种措施。除了主要包括刑事法律对策与犯罪学上的预防对策外，还包括社会、政治、伦理、经济等各种角度上的预防对策。尤其体现为刑事政策、社会政策等。犯罪对策专业委员会为中国犯罪学学会分支机构之一。

犯罪治理，含义最为广泛，犯罪预防、犯罪防治、犯罪防控、犯罪对策等内容都可以包括在内。犯罪治理可以体现一切手段和措施。[①]

综上，犯罪学应该采取专属于本学科的用语，即采用"犯罪预防"作为犯罪学研究对象的重要内容。在犯罪学相关教材中，已经有"犯罪预防学"的课程名称了。[②] 在医学学科门类上，设有预防医学二级学科。

---

① 例如，我国针对犯罪活动的刑事政策是社会治安综合治理。"治理"就体现了综合性。社会治安综合治理，是解决我国社会治安问题的根本途径，由各级人民政府统一组织实施，各部门、各方面齐抓共管，积极参与，动员和组织全社会的力量，运用政治的、法律的、行政的、经济的、文化的、教育的等多种手段进行综合治理，从根本上预防和减少违法犯罪，维护社会秩序，保障社会稳定。

② 例如，李春雷、靳高风主编的《犯罪预防学》（普通高等教育"十二五"应用型本科规划教材，中国人民大学出版社，2016），张弘主编的《犯罪预防学》（中国人民公安大学出版社，2004），许肇荣编著的《犯罪预防学》（吉林大学出版社，1985）。

我国中医理论上有个"治未病"思想,即"是故圣人不治已病治未病,不治已乱治未乱,此之谓也。夫病已成而后药之,乱已成而后治之,譬犹渴而穿井,斗而铸兵,不亦晚乎?"[①] 世间的很多道理都是相同的,"治未病"思想同样适用于犯罪治理领域。甚至有学者提出了创建"未罪学"学科。犯罪学主要体现的也是"治未病"思想。犯罪预防强于刑事惩罚。虽然刑罚手段在犯罪预防上也有特殊预防与一般预防的作用,但是相对于旨在将犯罪消灭在萌芽状态的犯罪学,刑法的犯罪预防功能就显得治标不治本了。

二 人防物防技防

有学者认为,"人防是以人力为主的预防犯罪举措。物防是以物质手段为主实施的防范对策。技防是运用科学技术手段防御犯罪侵害的措施。人、物、技三者的有机结合,才能形成有效的防范机制"。[②]

人防是发挥有关人员的力量进行犯罪预防。物防是硬件预防,以物质防范为主。一盏路灯相当于一个警察岗亭。

技防即技术预防。犯罪的技术预防是指利用安全系统(如防盗门锁、保险柜等)、报警系统和监控系统等特殊装置对特定场所采取的减少犯罪机会的预防措施。盗窃犯罪的发生往往是"乘虚而入"的结果。

技术预防可以细分为自助型技术预防和借助型技术预防。自助型技术预防是指个体通过自身制造或者购买一定的防卫器具进行防卫。例如,单身女性可以购买防狼喷雾剂,家长可以给孩子购买防走失 GPS 手表、书包等产品。借助型技术预防是指个体在自助型技术预防仍然难以实现有效预防的情况下,借助专业的防卫机构实现被害预防。例如,政要、富翁、名人等借助于保安公司、私人保镖公司提供专业的安保服务。[③]

三 其他预防模式

预防和减少犯罪的社会学处方分为三级预防模式,首先是初级预防

---

① 姚春鹏译注《黄帝内经·素问》(上),中华书局,2010,第32页。
② 张滋生、汤啸天:《预防犯罪导论》,群众出版社,1994,第11页。
③ 熊伟:《被害预防研究》,武汉大学出版社,2016,第138~139页。

（primary prevention），即社会、文化和社区的犯罪预防，改善有可能导致犯罪问题的社会环境；其次是次级预防（secondary prevention），即发展犯罪预防，某些做法和情境会加大特定个体的犯罪风险，次级预防是对这些做法和情境的认定以及对风险因素的处理；再次是三级预防（tertiary prevention），即刑事司法途径，指针对已经犯罪的人采取的措施。

在美国，犯罪预防被分为常规和非常规预防。常规预防主要是指警察、法院和矫治机构等司法部门在各自职权范围内所从事的侦查、审判和矫正等长期、正规、职能性司法活动。非常规预防是指常规预防之外的预防犯罪活动。①

家庭教育预防。孟母择邻说的就是教育环境问题。很多家长本身就缺乏文化知识，借助长辈们的育儿经验有时也未必科学，从而导致教育失败。不但不能将孩子培养成才，还放任其成了违法犯罪人。自古道，养不教父之过。孩子出了问题，父母是第一责任人。有的人对婚姻轻率对待，闪婚闪离，不以为然。没有孩子，无论怎么折腾，都是自作自受，也还罢了。一旦有了孩子，使孩子成长于单亲家庭，此种情况对孩子的伤害是很大的。

学校教育预防。学校教育是青少年社会化的重要阶段。尤其是对思想品德与法律基础课程必须不折不扣地进行讲授，而不是可有可无或流于形式。

被害预防。在当前法律、行政措施等保护不周的情形下，个人防范意识的加强尤为重要。

一般情况下，违法犯罪行为的前端是犯罪人，后端是被害人。通常，我们更多地把目光放在了违法犯罪人身上。在日常工作和生活中，我们要大力强化居民防盗、防抢、防骗意识，使其成为防控犯罪的积极因素。人们一旦将防范意识内化为自觉行为，就会发挥出相当大的效力，从一定程度上遏制犯罪的发生。如果不具备一定的犯罪时间、犯罪空间和潜在的被害人，则潜在的犯罪人终将无计可施，不能得逞。提高

① 郭建安：《美国犯罪学的几个基本问题》，中国人民公安大学出版社，1992，第6页。

居民的防范意识可以通过相关途径来实现。一方面，可以通过电视、广播、报纸、网络、微信公众号、电子公告栏等媒体，广泛宣传如何与犯罪做斗争、如何防范被害，营造防范、打击犯罪行为的良好舆论氛围。另一方面，可以在违法犯罪行为高发区、高峰期发放宣传资料，对近期发生的典型案件进行剖析提示，揭露犯罪人的作案规律和特点，增强群众的自我保护和防范意识。

犯罪的刑罚预防。刑罚预防是指通过对犯罪人科以刑事处罚的方式预防犯罪，包括特殊预防和一般预防两个方面。刑罚措施的运用首先是针对已经犯罪的行为人，对犯罪人进行刑事处罚，防止其重新犯罪。尤其是刑罚执行阶段的教育、矫正等措施，更是一种积极的特殊预防措施。一般预防是指通过对犯罪人的审理、宣判，对那些潜在的违法犯罪人起到威慑作用，阻止他们实施犯罪行为。同时，这对守法公民也能起到一定的教育作用，增强其遵纪守法意识。天网恢恢，疏而不漏，以身试法者的下场便是遭受法律制裁。但是，需要注意的是，应该摆脱犯罪预防的刑罚依赖症。

第五节　犯罪类型论

犯罪类型论，也有研究者称之为犯罪专题论。以犯罪人的性别为标准划分，犯罪类型可以划分为女性犯罪和男性犯罪。以犯罪人的年龄为标准划分，犯罪类型可以划分为青少年犯罪、中年人犯罪与老年人犯罪，其中，以青少年犯罪为重点研究对象。从犯罪行为角度，犯罪类型可以划分为暴力犯罪、财产犯罪与性犯罪等。

一　暴力犯罪

暴力犯罪，是指使用暴力或者以暴力手段相威胁而实施的犯罪行为。美国称为人际暴力（Interpersonal Violence），典型的暴力犯罪包括杀人、严重伤害、强奸等。暴力犯罪的主体多为青少年，尤其是男性。恩格斯在《英国工人阶级状况》中指出："蔑视社会秩序的最明显最极端的表现就是犯罪。"[1]

---

[1]　马克思、恩格斯：《马克思恩格斯全集》（第2卷），人民出版社，1957，第416页。

暴力犯罪是最古老、原始的犯罪类型之一，主要发生在社会下层，因而西方学者一般把它与财产犯罪合称为传统犯罪或"街头犯罪"，与上层社会主要在职务或业务过程中实施的贪污受贿等"白领犯罪"或"办公室犯罪"相对。①

根据不同标准，从不同角度，对暴力犯罪可以做各种分类。根据侵害对象，分为以人身为侵害对象的暴力犯罪和以财物为侵害对象的暴力犯罪；根据危害程度，分为一般暴力犯罪和严重暴力犯罪，一般以行为结果、行为手段进行区分；根据组织性，分为个体暴力犯罪与群体暴力犯罪。

人们对暴力犯罪最为恐惧。尤其是那种报复社会型的暴力犯罪，不针对特定目标人群，在人员密集场所滥杀无辜，让人防不胜防。

暴力犯罪的主要预防措施有：改善社会环境，解决社会问题，缓解社会矛盾；加强社会主义精神文明建设；加强社会调解和疏导工作，注意及时解决民事纠纷，防止矛盾激化；发挥司法机关的积极作用，加强对社会秩序的综合治理，严厉打击暴力犯罪；动员广大人民群众积极主动地同暴力犯罪做斗争，教育公民自重自爱、自我防卫，学会预防被害的措施，对精神病患者进行强制治疗和管束。② 未成年人、老年人和女性等力弱人群出行，尽量与壮年男性结伴。身处难以回避的公共场所，比如公交车、车站、餐厅、广场等，尽量不要选择死角，应面对门窗，处于视野相对开阔、进退自如之地。

二　财产犯罪

君子爱财，取之有道。然而，社会上总有那么一些人物欲横流，通过投机取巧、违法犯罪的方式攫取财富。财产犯罪（Property Crime）是指以非法占有为目的，侵占公私财物或挪用、损害公私财物的行为。财产犯罪的典型是盗窃、诈骗和抢劫。抢劫犯罪，虽然具有暴力性，但其主要目的是财产，所以归属于财产犯罪类型。财产犯罪在所有的犯罪类型中比例

---

① 王牧主编《新犯罪学》，高等教育出版社，2010，第216页。
② 梅传强主编《犯罪心理学》，中国法制出版社，2007，第201～202页。

最大。正所谓人为财死，鸟为食亡。尤其是盗窃犯罪，多年来其发案数量都占刑事案件的半数以上。

三 青少年犯罪①

从犯罪学角度讲，一般认为 25 岁以下的人实施犯罪和越轨行为，在犯罪类型上属于青少年犯罪②。青少年犯罪具有暴力性和团伙性等特点，这是青少年具有冲动性和攻击性等生理特征的反映。青少年犯罪现象的成因是多方面的，既有宏观因素，又有微观因素。缺少关爱和社会联系是青少年犯罪的重要因素。可以从行为人的生活、教育和社会环境等方面追寻犯罪原因。

青少年犯罪问题，是一个困扰许多国家政府的尖锐社会问题。20 世纪 60 年代以后，世界各国，尤其是一些工业发达国家的青少年犯罪发展趋势严重，成为一种难以遏制的公害。在我国，青少年犯罪自 20 世纪 80 年代开始呈现高发的趋势。1979 年 5 月，中国社会科学院法学研究所的王德祥在《西南政法学院学报》（《现代法学》前身）上发表了《关于我国未成年人犯罪的几个问题》。随后，有关青少年犯罪问题的论著逐渐增多。

社会各界提出了种种解决方案。其中，体育在预防青少年犯罪中的作用值得关注。

古希腊哲学家柏拉图曾经说过，罪恶来自不良教育以及不健全的身体。体育运动对青少年犯罪的抑制作用，目前已经越来越被很多国家所重视。

体育运动对青少年道德品质的培养、法制观念的建立、性格意志的锻

---

① 刘可道：《体育运动在预防青少年犯罪中的作用与路径》，载张凌、袁林主编《国家治理现代化与犯罪防控：中国犯罪学学会年会论文集（2014 年度）》，中国检察出版社，2014。

② 在刑法学上，已满十六周岁的人犯罪，应当负刑事责任。已满十四周岁不满十六周岁的人，犯故意杀人、故意伤害致人重伤或者死亡、强奸、抢劫、贩卖毒品、放火、爆炸、投毒罪的，应当负刑事责任。也就是说，刑法上的未成年人犯罪是指已满十四周岁不满十八周岁的人犯罪。犯罪学意义上的青少年犯罪，年龄范围更为宽泛，既包括十八周岁至二十五周岁的成年人犯罪，也包括刑法上的未成年人犯罪，还包括刑法上不视为犯罪的十四周岁以下的未成年人"犯罪"。

炼都有非常密切的关系。体育可以有效预防青少年犯罪的主要原因体现在以下几个方面。

其一，体育有利于释放青少年体内的"剩余力量"，防止青少年因生理原因而引发犯罪。孔子曰："君子有三戒：少之时，血气未定，戒之在色；及其壮也，血气方刚，戒之在斗；及其老也，血气既衰，戒之在得。"[①] 青少年正处于犯罪的"危险期"。这种情况源于青少年生理发展的特殊性，处于这一阶段的青少年精力旺盛，拥有更多的剩余力量。如果不能通过有益活动消耗这种力量，他们就会通过酗酒、打架斗殴等方式来释放，来满足他们精神上的快慰需求，这极容易导致青少年走向犯罪。"体育运动可以成为社会的安全阀。现代文明社会利用体育运动，使它成为文明社会最重要的人类发泄攻击场所，因为人类同其他动物一样具有相同的攻击本能"。[②]

由于青少年还未走向社会，没有承担家庭和社会的责任，他们除了正常的学习时间外，有着很多空闲时间。如果不能通过有益活动打发青少年的多余时间，他们可能会沉迷于网络游戏、电视电影，这些都增加了他们接触不良讯息的机会。青少年模仿力、好奇心很强，长期的耳濡目染也容易导致他们走上犯罪道路。体育运动恰好适应了青少年释放剩余力量和消耗空余时间的需要。体育运动娱乐性强、体力消耗大、持续时间长、种类多样，容易成为青少年的兴趣爱好。体育运动能够培养青少年勇敢、容忍等诸多美德，有利于青少年良好品格的形成、健康生活方式的养成。"通过参与积极的体育活动可以化解社会冲突，促进社会公平，化解社会矛盾，可以成为人与人之间、人与社会之间紧张关系的缓冲器、润滑剂、减压阀"。[③] 因此，体育运动有利于青少年与潜在犯罪诱惑的隔离，从而有效预防犯罪。

其二，体育有利于防止青少年因不良心理而导致的犯罪。导致青少年形成不良心理的因素有很多种。例如，家庭教育方法不当，溺爱型的家庭教育，往往会使青少年形成以自我为中心、自私自利、缺乏责任

---

① 《论语·季氏》。
② 朱亚林、肖自明：《体育控制冲突的社会学分析》，载《体育文史》2001年第3期。
③ 邹师、章思琪：《体育促进社会稳定的机制》，载《体育学刊》2008年第15卷第9期。

感、任性、粗暴的性格；高压型的家庭教育，往往使青少年感到没有家庭温暖、心灵存在创伤、对家庭有恐惧心理、与家庭成员关系淡漠；而放任型的家庭教育下，青少年与父母感情生疏、缺乏交流与沟通，容易导致青少年的逆反心理。此外，还有学校教育、社会多方面原因导致的青少年不良心理。心理不健康的人对情绪的控制和调节力差，不良情绪无法以正常方式在合理的时间里消化，容易诱发犯罪的发生。2004 年，云南大学学生马加爵因遭受嘲笑将多名同学杀死。2013 年，复旦大学学生林森浩因生活琐事与室友关系不和而投毒致该室友死亡。这些血淋淋的案例说明，不良心理与犯罪紧密相关。"参加体育运动本身就是很好的宣泄情绪的渠道。在体育教学中，教师可以通过各种有趣的游戏转移学生的侵犯性情感，让学生体验体育运动的情绪宣泄作用，并使学生明确合理宣泄情绪对身心健康的帮助，引导学生将攻击性情绪转移到体育运动的参与中来。"①

体育是一种心理调节的良好方法。首先，体育运动能够转移人的注意力，消除紧张心理、释放心理压力、消除消极情绪；其次，体育能够为不良情绪提供一个发泄的出口，使得心理能够获得平衡。体育是一种积极向上的运动，自然能够促使人们形成积极向上的心态。因此，体育能够增强青少年的心理健康，从而使他们的性格得到完善，而健全的人格是预防青少年犯罪的重要因素。

其三，体育有利于培养青少年的规则意识，为青少年遵纪守法提供基础。法治是制度规则的升华，没有良好的制度规则意识，不可能培养出法治精神。在日常生活中，要一点一滴地逐步培养青少年对制度的尊重、对规则的敬畏，将其内化为行为规范。一个人对社会规则、规范越认同，其行为的自我控制力越高，其发生违法犯罪的可能性就越小，因此培养规则意识对于预防青少年犯罪非常重要。

体育运动是规则性很强的活动，每一种体育运动的规则相当于运动的"法"，运动员和裁判员都要受到比赛规则的约束。青少年在体育活动中

---

① 向静文、吴键：《学校体育预防和控制学生攻击行为的理论依据与课堂教学设计思路》，载《体育教学》2007 年第 3 期。

会培养形成适应和遵循游戏规则的习惯，这种习惯一旦形成就会无形地覆盖到社会生活的各个领域，能够使青少年理解其处于不同身份和角色时的权利和义务。"在体育活动中遵守规则能在无形中培养青少年遵守社会公德和各种准则的习惯、增强他们对共同价值体系和道德观念的认同，进而形成对道德与法律的信仰。在此信仰的支配下，检点和约束自身行为，远离违法与犯罪。"①

体育运动具有广泛的社会性，是人际交往的桥梁和纽带。从大的方面讲，20世纪70年代的"乒乓外交"（Ping Pong Diplomacy）推动了中美两国外交关系的恢复，是体育增加国际交往的典范。从小的方面讲，体育运动不仅能够强身健体，还能够增进个人友谊、增进团结。

《奥林匹克宪章》指出，"奥林匹克主义是增强体质、意志和精神并使之全面均衡发展的一种生活哲学。奥林匹克主义谋求体育运动与文化和教育相融合，创造一种以奋斗为乐、发挥良好榜样的教育作用并尊重基本公德原则为基础的生活方式"。② 体育规则本身还蕴含着深刻的道德和法律精神。体育运动能够培养公平竞争意识，而这些都是道德和法制范畴中不可或缺的内容。可以说体育精神和道德、法律精神是相统一的。因此，体育运动所培养的青少年的规则意识，能够增强他们对社会主流价值体系和道德观念的认同，进而促成其对法律规则的遵守。

通过体育运动积极预防青少年犯罪可以采取以下几方面的途径。

一是，通过家庭途径。父母应创造条件，从小培养青少年的体育爱好，多与孩子一起参与体育运动。一方面可以培养孩子对体育的兴趣，另一方面也可以建立与孩子良好的沟通方式，对孩子良好心理的形成大有裨益。

在体育场馆里，我们经常会看到，父母陪着孩子参与打球、游泳、跑步等体育活动，甚至有的家长还聘请体育教练在课余时间专门训练某一运动项目，有意识地培养和提升子女的体育运动兴趣与技能，收获健康与快乐。

---

① 雍自元：《预防青少年犯罪的新途径：体育运动》，载《安庆师范学院学报》（社会科学版）2011年第30卷第9期。

② 国际奥林匹克委员会：《奥林匹克宪章》，奥林匹克出版社，2000，第8页。

二是，通过教育制度。有的学校课余生活枯燥乏味，缺乏正确的组织和指导，致使一批落后的学生混入社会不良团体，沾染上恶习。各级学校要逐步摆脱应试教育的枷锁，真正落实素质教育，组织多种形式的课外体育活动，开展课余训练和体育竞赛。增加体育课程的时间，将学生体育水平和成绩更大比例地纳入升学的评分体系。强制性地要求学校每阶段召开综合性体育运动会的次数和规模，强制性地要求学校体育场馆和设施的规模和标准。

学校可加大体育设施的投入，在体育师资的培养方面给予与其他学科同样的待遇，积极开展体育课外活动，丰富校园生活。学校可以成立体育兴趣小组，如田径队、排球队、足球队、乒乓球队、羽毛球队等。体育老师用本身的人格魅力去吸引学生，让学生乐于参与体育运动，养成良好的体育爱好。[①]

三是，通过社会力量。加大全国和地区等各种范围内青少年体育比赛的频率。加大免费体育场馆的开发力度。强制规定居住小区等一定区域内配置体育设施的标准和密度。

体育运动从宏观上讲，是一种人类文化形态，也就是体育文化。素质教育包括对青少年德智体美劳的综合教育，即要求实现人的全面发展，而不能让"智育"占据绝对优势，只及一点，不及其余。德育、智育与美育体现精神层面的教育模式，而体育与劳动技能教育则体现身体、体力层面的教育模式。其中，德育与美育很容易被虚化。劳动技能教育有时与"智育"紧密地结合在一起，形成一种工作能力。而体育运动，则融合了身心教育的双重功能。

从正能量角度讲，体育运动不但可以强身健体，还可以培养青少年的规则意识、拼搏意识、团队意识等，并内化成抵御违法犯罪等不良行为的强大根基。但是，从负能量上讲，体育运动有时也会引发诸如球场骚乱等体育暴力行为，这就需要及时、合理引导，扬长避短，最终发挥体育运动在预防青少年犯罪中的价值。

---

① 姜柳：《用体育让孩子远离网吧》，载《雅安职业技术学院学报》2011年第2期。

表1　预防未成年人犯罪法律、地方性法规目录

序号	法规名称	颁布日期
1	中华人民共和国预防未成年人犯罪法	1999/06/28
2	江苏省预防未成年人犯罪条例	2017/03/30
3	湖北省预防未成年人犯罪条例	2016/12/01
4	新疆维吾尔自治区预防未成年人犯罪条例	2016/09/29
5	山东省预防未成年人犯罪条例	2016/09/23
6	西藏自治区实施《中华人民共和国预防未成年人犯罪法》办法	2015/09/23
7	宁夏回族自治区预防未成年人犯罪条例(修订)	2015/03/31
8	天津市预防未成年人犯罪条例	2014/11/28
9	云南省预防未成年人犯罪条例	2010/09/30
10	广东省预防未成年人犯罪条例	2006/12/01
11	安徽省预防未成年人犯罪条例	2005/12/16
12	甘肃省人民代表大会常务委员会关于进一步加强预防未成年人违法犯罪工作的决议	2005/09/23
13	陕西省实施《中华人民共和国预防未成年人犯罪法》办法	2005/06/02
14	湖南省实施《中华人民共和国预防未成年人犯罪法》办法	2004/09/28

注：《中华人民共和国预防未成年人犯罪法》目前是我国唯一以"犯罪"命名的法律。

四　女性犯罪

从性别上划分，犯罪行为有男性犯罪与女性犯罪之分。从犯罪数量上看，世界各国各地区的统计数据显示，女性犯罪数量远远少于男性犯罪。女性犯罪案件一般占刑事案件的5%～10%。

女性犯罪的特点如下。一是，非暴力性。女性犯罪一般不涉及暴力或很少使用暴力，这是由女性的生理和心理特点决定的。女性的力量和速度等身体素质较男性差，女性的攻击性弱于男性。二是，隐蔽性。女性犯罪的隐蔽性体现在犯罪手段的隐蔽性上，犯罪时多采取不易暴露自己的秘密手段。三是，欺骗性。女性犯罪的欺骗性与隐蔽性紧密相连，相互交织。例如，在拐卖人口犯罪中，保姆趁机将雇主家的婴幼儿拐走。有的保姆成为潜伏在雇主家的定时炸弹，不得不防。

然而，"进入工业化社会以后，女性犯罪不仅发案率向男性犯罪趋近、增长速度超过男性犯罪，而且犯罪结构和犯罪方式还出现了男性化的

趋势，即女性犯罪的结构和方式越来越近似于男性犯罪"。① 由于女性本身往往属于弱势群体，并且在社会和家庭中起着特殊的作用，因此女性犯罪的多发，不但对犯罪人本身是一种伤害，而且也严重危害了家庭和社会的稳定。此外，女性犯罪人多有令人同情的经历。女性违法犯罪现象要引起足够重视。

因家庭纠纷引发的女性犯罪，在女性犯罪中占据了很大比例，通常表现为方法极端的报复性伤害、杀人犯罪，且犯罪人本身在犯罪之前大多充当受害者的角色。因此，此类犯罪在审判的时候，往往会引发社会的同情，部分案件判决的时候甚至会考虑犯罪人之前的受害情节，给予从轻处罚。家庭纠纷引发女性犯罪的原因主要表现为以下几个方面。

其一，外部原因。女性犯罪的外部原因主要集中在丈夫实施家庭暴力方面。全国妇联的一项调查表明，在我国 2.7 亿个家庭中，约 30% 存在不同程度的家庭暴力，其中施暴者九成是男性。一份来自浙江、湖南、甘肃三省的"对妇女的家庭暴力调查报告"显示，在夫妻间发生冲突时，65% 的丈夫"不理睬"妻子，28% 的丈夫"辱骂"妻子；夫妻间冲突时，丈夫"用脚踢"妻子的占 12.1%，"用东西砸"妻子的占 9.7%，"强迫过性生活"的占 5.8%。② 而且，精神伤害在家庭暴力的投诉中有逐渐上升的趋势，如丈夫对妻子进行侮辱、冷落、言语刺激等，即所谓的冷暴力。家庭暴力会使女性伤残或死亡，由于女性长期处于身体和精神的双重压迫和摧残下，家暴还会导致女性精神崩溃，最终导致恶性犯罪。

其二，女性自身的原因。在家庭纠纷中，为什么平日看似柔弱的女性容易采用极端的手段来解决问题。究其原因，这是由女性本身的一些特点所决定的。首先，女性体力不如男性，但是忍耐性相对较高，日常纠纷中，或许男性会采取一些肢体上的攻击，而女性由于体力上的因素，往往不能有效还击，但是为了家庭考虑一次次忍耐了下来。久而久之，心理挫败感加强，长时间的压抑情绪越积越多，到达一定极限的时候，底线崩

---

① 王牧主编《新犯罪学》，高等教育出版社，2010，第 241 页。
② 王比学：《家庭暴力现状堪忧出路何在》，《人民日报》2004 年 8 月 10 日。

溃，酿成大祸。其次，女性的依赖性高于男性。女性从一出生就往往处于被保护的地位，因此依赖性较强。"在工作或日常生活、社会交往中，这些女性倾向于将男性领导、同事或丈夫的言行权威化，易受男性的暗示，而缺乏主动掌握自己命运的能力"。① 一旦丈夫发生背叛，女性心理上的承受能力相对较差。再次，女性的高级神经兴奋程度较强、情感极其丰富、情绪波动较大、情绪化程度较高，因此，在某种刺激下容易失去理智，导致违法犯罪行为的发生。

其三，社会地位和分工的原因。性别的特点和传统观念决定了我国长期以来都是男主外女主内的家庭分工，在就业上某种程度上仍然存在着性别歧视问题。这就造成了很大一部分女性长期待在家里，将家庭作为生活的全部，时间久了，一方面对丈夫的依赖性加强，另一方精神空虚，容易引发焦躁情绪。

当前，虽然女性的社会地位得到普遍提高，但是在很多方面仍然受到或多或少的不公平待遇，且女性又有着特殊的心理、生理特点，女性相对于男性仍然处于弱势地位。因此，预防女性犯罪必须从全方位包括教育、就业、收入待遇、家务劳动等方面改善女性的生存条件，同时相关部门要做好监督防控工作。

一是，提高女性综合素质，加强法制宣传，完善妇女救助制度。文化水平低、法制观念淡薄是女性犯罪重要的原因，以致很多女性在犯罪或者被利用的情况下，不知道自己触犯了法律，在受到侵害的时候不知道如何保护自己，最后采取了最糟糕的解决方式。

二是，加强精神文明建设、坚决抵制不良风气。精神文明建设没有跟上物质文明建设的脚步，拜金主义、不劳而获的贪图享乐思想肆虐，也成为女性犯罪的重要原因之一。因此，相关部门应加强精神文明建设、建立健全监督机制、净化社会环境。

三是，加强女性就业的保障机制。提高女性劳动技能，增加女性平等就业的机会，都可以增强女性经济和精神独立性，进而一定程度上减少女性犯罪。

---

① 罗大华主编《犯罪心理学》，中国政法大学出版社，2007，第246~247页。

五　流动人口犯罪①

我国的流动人口，2000 年，1.44 亿人，占全国总人口的 11.15%②，2017 年为 2.44 亿人，占全国内地总人口的 18%。③ "据有关方面统计，在我国主要城市中流动人口已经达到相当高的比例。如流动人口犯罪占上海全部犯罪的 50% 以上，在广州高达 80%，而在深圳竟高达 97%。"④ 如此惊人的犯罪问题应当引起社会各界的深入思考，需要有关部门采取切实有效的应对措施。

我国相关实务界与学术界对流动人口犯罪的关注与研究始于 20 世纪 80 年代后期。深圳、珠海等经济特区，广州、上海等沿海开放城市，以及首都北京等大城市，由于是外来流动人口最初的集中地区，也是流动人口犯罪多发地域，所以这些地方的流动人口犯罪问题最先进入人们的视线，一些学者对流动人口犯罪现象、成因、防治措施都进行了探讨。

每当我们讨论犯罪对策时，往往要提到德国著名刑法学家李斯特的一句名言，即 "最好的社会政策就是最好的刑事政策"。该著名论断也适用于应对流动人口犯罪问题。预防流动人口犯罪的核心理念是加强对流动人口的服务与管理，促进流动人口的权益保障与社会融入。

近年来，随着经济建设的快速发展，大量流动人口不断涌入。流动人口对流入地的城市建设和社会发展都具有很大贡献。然而，流动人口也是犯罪率高发群体，其对经济和社会的负面作用不容小觑。因此，需要全方位完善有关制度，进行综合治理，以便有效预防流动人口犯罪的发生。

（一）建立健全流动人口立法，规范流动人口服务管理

2006 年 10 月 11 日，中国共产党第十六届中央委员会第六次全会通过的《中共中央关于构建社会主义和谐社会若干重大问题的决定》提出：要 "加强流动人口服务和管理，促进流动人口同当地居民和睦相处"。将

---

① 刘可道：《流动人口犯罪防控八大关键词论要》，《犯罪研究》2014 年第 4 期。

② 国家统计局：全国人口普查公报，http：//www.stats.gov.cn/tjsj/tjgb/rkpcgb/。

③ 国家统计局：中华人民共和国 2017 年国民经济和社会发展统计公报，http：//www.stats.gov.cn/tjsj/zxfb/201802/t20180228_ 1585631.html。

④ 熊一新：《试论城市外来农民犯罪的特点、原因与对策》，载《公安大学学报》1997 年第 2 期。

流动人口服务理念提高到和管理理念并重的高度，在党的纲领性文件中这还是首次。解决流动人口问题，应当转变思路，改变往日那种单一管理、重管理轻视服务、重义务轻权利的工作态度，要服务和管理并重，寓管理于服务之中，借助服务手段大力促进管理的完善规范。实现流动人口由控制型管理向服务型管理转变。工作思路的转变不只是停留在口头上，应当落实到工作中。要想真正实现加强流动人口服务和管理的科学理念，立法需要跟进。

人口流动是我国经济社会发展中最为突出的社会现象之一。流动人口在促进经济发展、社会进步的同时，其中少部分人引发的犯罪问题引起了全国"两会"代表的热切关注。全国政协委员、北京市人民检察院副检察长甄贞建议，应由国务院牵头制定全国统一的流动人口管理法规。流动人口服务管理工作应当法制化、制度化，建立健全流动人口服务管理的长效机制。

（二）树立流动人口均等化服务理念，大力提高公共服务水平

流动的是人口，不变的服务。努力落实均等化服务和同城化待遇，能够增强流动人口的归属感和自豪感。遵循一个人在城市生活时间越长、履行义务越多，对城市经济社会发展的贡献越大，就应当享受越多的城市福利和公共服务的基本思路，逐步实现流动人口基本公共服务均等化。

（三）做好心理疏导工作，关爱流动人员心理健康

贫困未必就会产生犯罪，但因贫困引发的不满则有可能引发犯罪。流动人员多来自农村，经常以合同工、临时工的身份从事城里人不愿意做的累活、脏活、险活，与本地居民相比，在工作和生活上都处于较低水平，而且权益容易受到侵害。相比之下，他们可能会产生自卑、失落以及压抑感，产生严重的心理失衡，以致一些人不惜以身试法、铤而走险，走上违法犯罪的道路。因此，要充分发挥心理卫生协会、心理咨询机构的积极作用，为外来人员提供相应的心理诉求渠道，必要时进行心理危机干预，促使他们有一个良好的心态来对待工作和生活中的不如意。[1] 心理咨询服务能够起到违法犯罪防火墙的积极作用。

---

[1]　胡虎林主编《流动人口法制：现状及其完善》，浙江大学出版社，2009，第229页。

（四）充分发挥基层调解组织的作用，将犯罪消灭在萌芽状态

在外来人口集中的行业、区域成立人民调解委员会，充分发挥基层调解组织作为违法犯罪第一道防线的作用。在流动人口犯罪中，因维权而产生的违法犯罪问题比较突出。一旦合法权利缺乏保障、合理诉求长期被压抑，小矛盾大激化势必引发犯罪。把矛盾纠纷化解在初期，处置得当，犯罪将会得到很大程度的遏制。

（五）加强社会治安管理，建立群防群治的联动机制

从专门机关预防角度讲，公安机关无疑是犯罪防控的主体。但仅仅依靠公安机关难以达到预期效果，需要联合其他有关职能部门，并坚持"专群结合、依靠群众"的方针，对流动人口犯罪进行综合治理。针对流动人口犯罪较为集中的侵财犯罪、团伙犯罪等依法给予常态化打击。根据流动人口犯罪的特点，加强夜间巡逻、盘查，主动出击预防和打击现行犯罪，实行社会治安动态管理，严密社会面的控制。在居民区和公共场所多建立治安岗亭，治安人员定时对辖区进行巡逻，群众在遇到危险时能够及时得到治安人员的救助。① 此外，还要积极依靠群众性基层组织，依托重点社区居民治安自治组织的配合和举报，提早发现犯罪迹象，铲除犯罪土壤，增强社区自身治安防范能力，巩固发展社会综合自治长效机制。②

六 无被害人犯罪

多数情况下，有犯罪人就会有被害人。特殊情况下，存在相对的没有具体的被害人的犯罪。严格意义上讲，所有犯罪都有被害人，"无被害人犯罪"的被害人是自己。无被害人犯罪是一种自愿、自损、利益交换行为，双方不具有主观加害性，也互不控告。无被害人犯罪也称为"无控告人犯罪"。1965 年，美国犯罪学家埃德温·舒尔出版了《无被害人犯罪》，提出了无被害人犯罪的概念。

受伦理价值观念和社会开放程度等因素影响，不同的国家和社会对无

---

① 李春雷、辛科主编《犯罪学》，中国人民公安大学出版社，2009，第 406 页。
② 康树华、张小虎主编《犯罪学》，北京大学出版社，2011，第 327 页。

被害人犯罪的认识有所不同。比如堕胎、自杀、安乐死、乱伦、赌博等行为，在有的国家被认为是犯罪，而在有的国家不认为是犯罪。常见的无被害人犯罪包括安乐死、赌博等。

安乐死问题，涉及伦理、医学、科技和法律等一系列复杂问题，争议较大。2001 年 4 月，荷兰通过安乐死法案，成为世界上首个正式在法律上将安乐死非犯罪化的国家。其他国家鲜有跟进。安乐死事关人命，非经立法授权不得私自实施。安乐死的非罪化之路仍很长。

赌博行为，是对以营利为目的、聚众赌博或者以赌博为业的、开设赌场的行为处以刑罚。至于亲朋节日聚会小打小闹地玩玩牌，是助兴娱乐，不属于赌博性质。赌博行为应当入罪化，赌博不仅仅是害己，还容易害人，有时成为诱发抢劫、盗窃、贪污等其他更严重犯罪的温床。这也体现了无被害人犯罪的诱发性特点。比如，2017 年 6 月 22 日，在浙江杭州蓝色钱江小区发生保姆纵火案，造成母亲和三个未成年人死亡。这起恶性事件就是由保姆赌博欠债所诱发。赌博在少数国家和地区是合法的，但有严格的制度保障。比如我国澳门特别行政区就是可以合法赌博的地方，赌博在当地属于博彩业。

第三章　犯罪学的学科体系

学科体系（Discipline system），有两种含义。一是指某一学科的内在逻辑结构及其理论框架，二是指某一学科的范围和各个分支学科构成的一个有机联系的整体。[①]"犯罪学是以经验研究来工作的事实科学，它借助于众多不同的自然科学和社会科学的研究方法，因此它也可被称为'各学科间的科学领域'……从犯罪学的研究对象来看，可分为犯罪现象学和犯罪社会学，前者又分为犯罪生物学和犯罪心理学"。[②]

总的来说，犯罪学的学科体系是一个庞大的学科群，主要包括基础犯罪学、犯罪学史、犯罪学研究方法、犯罪社会学、犯罪心理学、犯罪生物学、犯罪经济学、犯罪地理学、环境犯罪学、犯罪文化学、犯罪统计学、比较犯罪学、青少年犯罪学、被害人学等分支学科。

学科体系建设是学科建设的关键环节，是学科完善程度的重要标志。探寻犯罪学学科体系建设的有效途径，可促进犯罪学学科提升整体发展水平。

第一节　犯罪社会学[③]

一　犯罪社会学的创立及学科性质

犯罪社会学（Sociological criminology），是运用社会学理论与方法，

---

① 叶继元：《国内外人文社会科学学科体系比较研究》，《学术界》2008 年第 5 期。
② 〔德〕汉斯·海因里希·耶赛克、托马斯·魏根特著《德国刑法教科书》，徐久生译，中国法制出版社，2001，第 59 页。
③ 刘可道：《负面社会因素导致犯罪——西方犯罪社会学学科性质与基本理论》，《中国社会科学报》2013 年 11 月 6 日。

研究犯罪产生的社会原因，探讨犯罪与社会的相互关系及规律性，寻求预防和控制犯罪的社会途径的科学。犯罪社会学、犯罪心理学与犯罪生物学构成犯罪学的三大分支学科。

犯罪社会学产生于 19 世纪末的欧洲大陆。1884 年，意大利著名犯罪学家、法学家恩里科·菲利（Enrico Ferri，1856～1929）出版了著作《犯罪社会学》，标志着犯罪社会学学科的产生。德国著名刑法学家、犯罪学家弗兰茨·冯·李斯特（Franz von Liszt，1851～1919）与里科·菲利同为犯罪社会学学派的创立者及主要代表人物。

对于犯罪社会学学科性质的定位，观点各异。刑法学家们把"犯罪社会学"称为"刑事社会学"，他们认为该学科属于刑法学的分支学科。社会学家们认为，犯罪社会学为社会学的分支学科。犯罪学家们认为，犯罪社会学是犯罪学的分支学科。苏联学者将犯罪学视为社会学与犯罪学的交叉学科。可以看出，对于同一问题，不同专业领域的人，站在不同立场，会得出相异的结论。这里面既有仁者见仁、智者见智的理解问题，也有学科利益问题。分属于不同学科领域的专家学者们，往往倾向于"跑马占地"，尽量扩大本领域的"势力范围"。

实际上，社会学的学科地位，大体上与法学相当，但要高于作为法学分支学科的刑法学。并且，犯罪学是不依附于刑法学的独立学科，所以犯罪社会学不应当属于刑法学。犯罪社会学的研究者，主要来源于社会学界。在美国，主要是社会学学者们在研究犯罪学，犯罪学属于社会学的分支学科，犯罪学与犯罪社会学几乎可以是同义语。在德国、法国、日本、中国澳门等地，情况也大抵如此。

原中华人民共和国国家质量监督检验检疫总局、中国国家标准化管理委员会于 2009 年 5 月 6 日发布、2009 年 11 月 1 日实施《中华人民共和国国家标准 GB/T 13745-2009》，该标准的《学科分类代码表》规定，在人文与社会科学门类（代码为 710～910）中，犯罪社会学（代码为 840.2747）归属于一级学科社会学（代码为 840）之二级学科应用社会学（代码为 840.27）下，属于三级学科性质。另外，根据该学科分类标准，"越轨社会学"是与犯罪社会学同属于应用社会学二级学科下的一门独立的三级学科。所以，犯罪社会学的研究范围即使包括越轨行为，也不应是其重点。因为，这是越轨社会学的主要研究领域。

二 早期犯罪社会学的主要理论

从历史形成时期上划分，犯罪社会学主要的理论学说分为两大阶段，即形成于 19 世纪后半叶的早期犯罪社会学理论和形成于 20 世纪初期至中期的现代犯罪社会学理论。

19 世纪后半叶是犯罪社会学创立和发展时期。这一阶段的代表性理论学说是恩里科·菲利的犯罪原因三元论和弗兰茨·冯·李斯特的犯罪原因二元论。

不同于犯罪人类学派的创立者及其主要代表人物切萨雷·龙勃罗梭（Cesare Lombroso，1835～1909）的犯罪原因"一元论"——"天生犯罪人论"，恩里科·菲利在犯罪人类学理论基础上，提出了犯罪原因三元论。恩里科·菲利师从龙勃罗梭，是犯罪人类学派的重要代表人物，他与龙勃罗梭、加罗法洛（Baron Raffaele Garofalo，1852～1934）并称"犯罪学三圣"（holy three of criminology）。

恩里科·菲利继承了龙勃罗梭的理论学说，认同犯罪与人的生物遗传有密切关系的观点，并且又有所发展，认为除了生理因素外，自然因素与社会因素都是致罪原因。恩里科·菲利的这种学说被称为犯罪原因三元论，又叫犯罪三元原因论、犯罪三因论、犯罪三因素说等。其一，关于犯罪的人类学因素。它包括生物因素、生理因素、心理因素等方面。犯罪人多表现出颅骨等主要器官与相貌异常、感觉与反应能力异常、文身、智力与情感异常，生物学状况基于年龄、性别、种族等因素。其二，关于犯罪的自然因素。它包括地形、季节、气候等人们生活的物质环境。犯罪的自然因素可以概括为时空因素，一般来说，犯罪的形成是犯罪人在一定时间、地理空间内与被害人的结合。其三，关于犯罪的社会因素。它包括经济、政治、文化、教育、宗教、人口密度、法律制度等社会环境。恩里科·菲利在对待犯罪原因问题上，是个多因论者。他认为，三种致罪因素，都不足以单独产生犯罪，需要各种因素相结合，相互影响、相互作用，才能发生犯罪。三种犯罪原因在每一种犯罪中所起的作用都因犯罪的种类不同而大不相同。

在犯罪对策问题上，菲利提出了刑罚替代措施。他认为，刑罚措施对抑制犯罪的作用是有限的，刑罚尽管是永久的但要成为次要手段，因而应当寻找能够替代刑罚并对减少犯罪产生更明显效果的间接措施，这些间接的社会防卫手段被称为刑罚替代措施。刑罚替代措施主要体现在经济、政治、科学、立法和行政、教育等领域。

对于犯罪原因，弗兰茨·冯·李斯特既批判龙勃罗梭的"天生犯罪人论"，又反对恩里科·菲利的犯罪原因三元论。李斯特认为，自然因素不是独立因素，应当归属于社会因素，犯罪是由社会环境因素和个人因素共同造成的。社会因素是指犯罪人周围的环境，尤其是经济环境。个人因素主要是指个人性格因素。既有先天的性格因素，即生来如此，又有后天的性格因素，即由生理发育或者生存命运所致。李斯特强调，犯罪的社会因素与个人因素不能等量齐观，社会原因是主要因素，对人的行为起决定性作用。李斯特的观点被称为犯罪原因二元论。

在犯罪预防上，李斯特提出了"目的刑论"和"刑罚个别化"。他认为，刑罚的主要任务不是对已经发生的犯罪行为进行报应，而是以预防再犯和保卫社会为目的。刑罚虽不是同犯罪做斗争的唯一手段，却是与犯罪做斗争的最重要手段。但应当对不同类型的犯罪人适用不同的刑罚，才能发挥刑罚的最佳效果。并且，李斯特重视社会政策在预防犯罪中的作用，提出了"最好的社会政策就是最好的刑事政策"的著名论断。

在对待犯罪原因问题上，犯罪社会学两位创始人的观点大同小异，只是强调的侧重点不同而已。菲利的"犯罪人类学因素"与李斯特的"犯罪个体因素"相当。"犯罪的自然因素"中的空间因素，也即地理因素，属于地理学范畴。地理学包括自然地理与人文地理等分支学科。致罪原因中的地理因素，实际上指的是人文地理因素。人文地理学是研究地球表面人类活动与地理环境之间相互关系形成的地域系统及其空间结构的学科。"人文"泛指各种社会、政治、经济和文化现象，人文地理学具有社会性因素。从这个意义上讲，把致罪因素中的地理因素归属于社会因素也有一定的合理性。但是，"犯罪的自然因素"中的时间因素和气象因素，比如昼夜、季节周期，天气、气候变化等，具有自然性，虽然其中的气象因素也会受到人类社会的影响，但体现在致罪因素上，影响甚微。比较而言，"犯罪的自然因素"有其独特的价值，应当被单独作为犯罪的一种原因加以研究，如果将其归入犯罪的社会因素，则削弱了"犯罪的自然因素"的存在价值，不利于对犯罪原因做广泛而深入的研究。此外，作为社会地理学与犯罪学重要分支学科的犯罪地理学，其理论也来源于"犯罪的自然因素"学说。

犯罪原因三元论与犯罪原因二元论，都是从宏观性、整体性、综合性上对犯罪原因进行研究。除了犯罪社会学这两位创始人的代表性理论外，法国的社会学家还从某一方面进一步深入探讨了犯罪原因。其中，加布里埃尔·塔尔德提出了犯罪模仿论，埃米尔·迪尔凯姆提出了社会失范论与犯罪功能论。这几种理论是对"犯罪的社会原因"理论的具体展开。

三　现代犯罪社会学的主要理论

19 世纪后半叶，犯罪社会学研究中心在欧洲大陆，主要的犯罪社会学理论产生于意大利、德国和法国等国家。1909 年，美国刑法和犯罪学研究所（American Institute of Criminal Law and Criminology）在芝加哥的西北大学成立。次年，《美国刑法和犯罪学研究所杂志》（后更名为《美国刑法和犯罪学杂志》）创刊，标志着犯罪社会学的研究中心转移到美国。1957 年，美国犯罪学学会成立。

现代犯罪社会学理论产生于美国，代表性创始人有两位。一位是埃德温·哈丁·萨瑟兰①，他于 1924 年出版了美国影响力最大的犯罪学教科书——《犯罪学》，并提出了差异交往理论（Differential association theory，

---

① 埃德温·哈丁·萨瑟兰（Edwin Hardin Sutherland, 1883～1950），美国著名犯罪学家，被称为美国现代犯罪学之父。他提出了著名的差异交往理论和白领犯罪学说。其中，1949 年，萨瑟兰出版《白领犯罪》（*White-collar Crime*）一书，系统论述了美国中上层社会的犯罪问题。白领犯罪（white-collar crime），又称绅士犯罪、斯文犯罪，与蓝领犯罪、街头犯罪相对称，大体上是由具有体面身份和较高社会地位的人在其职业活动中实施的犯罪行为。白领犯罪主要是指商业白领犯罪，是经济犯罪的一种。至于政府、司法机关等公职人员，属于公务员，严格意义上讲，与白领不是同一类别。所以，狭义上的白领犯罪不包括公职人员犯罪。白领犯罪人主要是指企业管理人员，其中企业家犯罪的社会关注度更高。

又称为不同接触理论，归属于社会学习理论）①。另一位是美国经济学家、社会学家与犯罪学家莫里斯·帕米利（Maurice F. Parmelee，1882～1969），他于1918年出版了美国第一部综合性犯罪学教科书——《犯罪学》。

该阶段，犯罪社会学理论流派众多，分类各异。主流分类体系是美国当代著名犯罪学家拉里·西格尔（Maurice F. Parmelee，1947～ ）在其名著《犯罪学》中提出的三类划分法。犯罪社会学理论总体上可以分为三大类型，即社会结构理论、社会过程理论与社会冲突理论。每个类型的理论包含几种互有交叉的分支学说。

关于社会结构理论（social structure theory），该理论认为，社会是分层次的，不同层次的人享有的政治、经济和社会权利是不同的，处于被剥夺状态的下层阶级，在社会结构中所处的不利的社会经济地位是产生犯罪的主要原因。社会结构理论包含文化越轨理论、紧张理论②、亚文化理论和社会生态学理论等分支理论。社会结构理论对犯罪原因的解释是片面的，不具有普遍适用性，缺陷明显。

社会过程理论（social process theory），也称为社会心理学理论。该理论认为，人际互动影响犯罪，社会化经历是犯罪的主要因素，犯罪是人的社会化以及个人与各种社会化机构之间在社会化过程中相互作用的结果。一般来说，人的一生，要受到家庭、学校、同伴群体、工作单位、大众传媒等的影响。当个人与这些社会化机构的接触是积极的，他们就会很好地适应社会的要求，形成良好的个性与生活技能，更容易实现自我价值。反

---

① 差异交往理论可概括为九种主要观点：一、犯罪行为是习得的。也就是说犯罪不是生物性遗传的结果。二、犯罪行为是在与他人的交往过程中通过相互作用习得的。三、犯罪习得主要发生在与行为人关系密切的人群中。四、犯罪习得内容主要包括犯罪态度、动机与犯罪方法、技巧等方面。五、犯罪习得的动机和动力取决于对法律规范的认同。六、犯罪是因为违法带来的好处超过守法带来的。这是差异交往理论的核心内容。如果人们形成了违法获益大于守法获益的看法，就会破坏法律。七、犯罪习得会因为交往频率、持久性、优先性与强度上的差异而有所不同。八、通过与罪犯的接触学习犯罪经验和犯罪模式，其机制和其他任何种类的学习并无不同。九、犯罪行为表现了一种普遍需要与价值，但不能用其解释犯罪，因为非犯罪行为也同样表现需要与价值。

② 紧张理论，也叫社会异常理论，由20世纪三四十年代美国犯罪学家罗伯特·默顿（Rober Merton）提出。该理论认为，犯罪是行为人不能通过合法手段取得社会地位和物质财富而导致的沮丧和气愤的产物。

之，个人如果经历了较差的社会化过程，比如家庭关系不睦，同伴交往不良，教育环境不好等，就会走向违法犯罪的道路。不同于社会结构理论，社会过程理论认为，各个阶层的人都有犯罪的可能，不能仅仅将注意力放在低阶层成员上，一些上层社会成员也存在偷漏税、吸毒等违法犯罪行为。很多社会下层人员并没有犯罪，而是通过个人努力实现成功的目标。社会过程理论包括社会学习理论、社会控制理论、社会反应理论（标签理论）、整合理论等分支学说。

关于社会冲突理论（social conflict theory），该理论认为，犯罪是社会冲突的产物，冲突有多种多样，比如政治权力、经济利益、文化和社会阶级等方面的冲突。冲突理论可以分为文化冲突论与阶级冲突论。文化冲突论形成于 20 世纪 30 年代，其倡导者及主要代表人物是美国社会学家、犯罪学家索尔斯坦·塞林（Thorsten Sellin，1896～1994）。塞林在 1938 年出版的《文化冲突与犯罪》中论述了文化冲突理论。他认为，在社会群体用以规范其成员行为的手段中，刑法具有重要地位，是主流文化行为规范的表现，犯罪则是与主流文化相冲突的下层群体、少数民族群体和移民群体文化的产物；阶级冲突论又叫"马克思主义犯罪学"、"新犯罪学"、"批判犯罪学"、"激进犯罪学"等，产生于 20 世纪 20 年代，早期代表人物是荷兰犯罪学家威廉姆·邦格。该学说认为，资本主义制度是资本主义社会犯罪的根源，社会财富分配不均、资本主义竞争与工业化增加犯罪机会，经济利益驱使、刑事司法与司法制度的影响也都是资本主义社会犯罪产生的具体原因。犯罪是对社会存在的财富与权力不平等分配的一种反应。

犯罪地理学、犯罪文化学、犯罪统计学等都可以包含在犯罪社会学的学科群中，鉴于这些学科的重要性，有必要独立出来加以分别论述。

第二节　犯罪心理学

一　犯罪心理与犯罪心理学

犯罪心理（Criminal Minds），通常是指影响犯罪人实施犯罪行为的各种心理因素。行由心生，犯罪行为是犯罪心理发生的原因与外化，犯罪行为是在犯罪心理影响和支配下发生的。但是，有犯罪心理不一定会发生犯罪行为，犯罪心理只是犯罪行为发生的一种因素，犯罪行为还要受到犯罪时机等因素的影响。有犯罪行为也未必就有犯罪心理，比如过失犯罪行为。

犯罪心理学（Criminal Psychology，Psychological Criminology），是犯罪学与心理学之间的交叉学科。犯罪心理学是研究影响和支配犯罪人实施犯罪行为的心理形成、发展和变化规律以及犯罪预防的心理学运用的科学。犯罪心理学，侧重社会科学研究，并兼顾自然科学研究。犯罪心理学也是法律心理学（又称为法制心理学）、应用社会心理学中的一个分支学科。

在犯罪学分支学科中，犯罪心理学学科出版的教材、普及性著作的数量是最多的，并且也有一些文学作品以犯罪心理为主题。例如犯罪心理学与刑侦学教师雷米先生创作的《心理罪》系列小说，被改编成两部电影，分别由廖凡、邓超等主演，于2017年下半年上映。再如，法学教授何家弘博士创作的侦探推理小说——洪律师探案集，也具有较大影响。有学者认为，"犯罪心理学作为犯罪学的一门分支学科，为犯罪学的发展和深化做出了巨大贡献。事实上，在犯罪学领域研究最深入、最全面、最系统的学科就属犯罪心理学了。"①

中华人民共和国国家质量监督检验检疫总局、中国国家标准化管理委员会于2009年5月6日发布、2009年11月1日实施的《中华人民共和国国家标准 GB/T 13745 - 2009》。该标准的《学科分类代码表》规定，在人文与社会科学门类（代码为710～910）中，法律心理学（代码为840.2747）归属于一级学科法学（代码为820）之二级学科理论法学（代码为820.10）下。而犯罪心理学又包含在法律心理学之中，属于四级学科性质。根据该学科分类标准，犯罪心理学学科地位过低，与实践中的学科地位不匹配。

在心理学学科中，犯罪心理学归属于一级学科心理学之下的二级学科

---

① 梅传强主编《犯罪心理学》，中国法制出版社，2007，第9页。

应用心理学，属于三级学科性质。作为犯罪学的三大分支学科之一的犯罪心理学，学科地位同样也属于三级学科。

1872 年，德国精神病学家克拉夫特·埃宾（Kraflt Ebing，1840 ~ 1902）出版了《犯罪心理学纲要》，主要从精神病态的角度研究犯罪人，这是第一本以"犯罪心理学"命名的著作。1897 年，奥地利检察官和犯罪学家汉斯·格罗斯（1847 ~ 1915）出版了《犯罪心理学》，着重研究犯罪者的人格。该专著的问世，标志着犯罪心理学的诞生。我国犯罪心理学的建立和发展，开始于 20 世纪 70 年代末 80 年代初。1980 年，我国内地出版了第一部《犯罪心理学》教材。

犯罪心理学研究是为研究犯罪科学和心理科学做出贡献，为预防和惩治犯罪以及矫治罪犯的实践服务，为让社会认识犯罪发生的机制，并使之配合有关人员帮助犯人走上正途。研究方法上，犯罪心理学主要采用观察法、调查法、实验法、测验法、案例分析法、个案法等。其中，观察法（observations）根据观察者的参与程度，又可分为参与式观察法与非参与式观察法。调查法最常用的是问卷法与访谈法。

犯罪心理学，在研究层次上讲，主要是微观研究，关注个体犯罪的行为心理。在理论取向上，主要依赖心理学理论，心理学是犯罪心理学的学科母体。在研究队伍上，研究人员多具有心理学教育或教学背景。

犯罪心理学的研究对象，是实施犯罪的人的心理活动。也有人认为从广义上讲，犯罪心理学的研究对象还包括犯罪对策心理，即与犯罪有关的人员的心理，如侦查员、检察官、法官、矫正官、证人、被害人等的心理活动。严格意义上讲，所谓的犯罪心理学研究对象的"广义说"，应该属于司法心理学、被害人心理学，都是应用心理学的分支学科。

犯罪心理学的学科性质。犯罪心理学是一门犯罪学与心理学的交叉学科，是运用心理学的理论与方法，研究犯罪人的心理与行为的学科。犯罪心理学也是一门具有一定自然科学属性的偏重社会科学的综合性学科。犯罪心理学研究基因与犯罪的关系、神经与犯罪的关系等等，都具有一定的自然科学属性。

犯罪心理现象复杂多样，从动机、年龄、性别、犯罪人数、犯罪经历等不同角度，可以划分为各种犯罪心理类型。

从犯罪动机角度讲，犯罪心理可以划分为物欲型、性欲型、情绪型、信仰型等类型的犯罪心理。物欲型动机犯罪，又称为利欲型、贪利型犯罪，是追求物质引发的犯罪心理，是为了满足日益膨胀的物质欲望而实施的犯罪，这种类型的犯罪发案率非常高，经济发达地区发生概率高于欠发达地区，贫富差距大的地区发生率也较高，主要体现为财产犯罪与经济犯罪。性欲型动机犯罪，又称为性犯罪、淫乱型犯罪，主要体现为强奸、强迫卖淫、侮辱妇女、聚众淫乱等犯罪。情绪型动机犯罪，又称为情感型犯罪，该类型犯罪多由人际关系冲突与婚恋家庭纠纷所引起，具体细分类型较为分散，常见的有邻里冲突等导致的激情犯罪。信仰型动机犯罪，主要表现为政治信仰型犯罪和迷信信仰型犯罪，前者如危害国家安全犯罪和恐怖主义犯罪，后者如打着"科学"的幌子装神弄鬼行骗财骗人之实。还有难以从单一角度划分的特殊类型犯罪心理，如计算机网络犯罪心理和毒品犯罪心理等。

根据犯罪人犯罪经历的不同，可以将犯罪人划分为初犯和偶犯（Occasional criminals）、惯犯与职业犯两种类型。初犯，即初次犯罪、第一次犯罪，包括因故未被法律制裁的情形。初犯没有犯罪经验，一般具有冲动性、盲目性、没有预谋、作案手法简单等特点。惯犯又称为"常习犯"、"常业犯"。① 不同经历犯罪人的心理特征和行为特征有很大差异。分析不同经历犯罪人的心理，对于提高侦查和审讯效率，有效打击犯罪和矫治其犯罪心理，都具有重要意义。

根据犯罪人的年龄，可以分为青少年犯罪心理、中年犯罪心理和老年犯罪心理。其中，青少年犯罪的发生率最高，该类犯罪多起因于对物质需求的不良追求、寻求刺激、缺乏必要的引导等，具有对事物强烈的模仿性、冲动性、凶残性、反复性等特点。

根据犯罪人的性别，可以分为男性犯罪心理和女性犯罪心理。其中，

---

① 累犯是刑法学上的概念，与初犯对称，与惯犯、职业犯存在交叉关系。累犯也可以称为重犯、再次犯罪或多次犯罪，即俗称的"二进宫"、"三进宫"、"多进宫"。从犯罪心理学角度讲，不提倡"累犯"的提法，用"惯犯"更适合。惯犯显然包含累犯的含义，但累犯不一定是惯犯，比如只存在两次犯罪的情形，就不能叫作惯犯。定性为惯犯，起码要有三次以上的犯罪经历。一两次作案经历不能说成为惯犯了。俗话说，再一再二，不能再三再四，就是这个道理。"再三再四"犯罪就成惯犯了。

一般研究的重点是青少年犯罪心理、女性犯罪心理和老年犯罪心理。

根据一起犯罪的人数，可以将犯罪分为个体犯罪和群体犯罪。[①]

二 犯罪心理学的基本理论

(一) 犯罪人格理论

人格（personality），是"构成一个人的思想、情感及行为的特有统合模式，这个独特模式包含了一个人区别于他人的稳定而统一的心理品质。"

反社会人格障碍（antisocial personality disorder，简称 APD），也称为反社会变态人格。具有这种特征的人，社交能力差，不合群，朋友少或没朋友，人际关系不融洽，很难与人相处，被边缘化。并且，往往极端、怪异、孤僻、反常、多疑、敌意、冷漠、冲动、易怒、偏执、内向、自傲、自恋、自卑、自负，情绪不稳定。这些是社会学习不良与家庭环境恶劣的后果。变态人格是介乎正常人和精神病人之间的一种人格类型，是一种特殊的人格结构。

犯罪人格的形成多存在于问题家庭。因为家庭是人格塑造的第一场所。父母的违法犯罪为其子女提供了反社会行为的效仿对象。受到过虐待的孩子，可能认为暴力是解决问题的一种手段。棍棒可能不但出不了孝子，还会出"罪犯"，适得其反。所以说，对孩子应进行挫折教育，以及对需求的延迟满足教育。

"犯罪心理学研究人员经过试验得出结论：在冷漠无情反社会型人格类型中，大约70%的人是基因使然。换句话说，反社会型人格的核心症状有非常强的基因影响痕迹。而只有不到30%的冷漠无情类型的反社会人格是由外界环境造成的。"[②] 该说法颠覆了人们普遍认为的家庭和社会是犯罪主导因素的主流观点。这一说法也与龙勃罗梭的"天生犯罪人"理论很接近。

奥地利著名精神病学家西格蒙德·弗洛伊德（Sigmund Freud，1856 -

① 在刑法学上，个体犯罪与群体犯罪被称为单独犯罪与共同犯罪。
② 盛唐著《FBI犯罪心理：美国联邦警察教你读懂犯罪心理》，台海出版社，2016，第8页。

1939），是构建人格结构学说的鼻祖。他认为人格由本我（id）、自我（ego）和超我（superego）三个维度构成。"本我"是原始的无意识结构，属于感性的、与生俱来的遗传本能，遵循快乐原则行事，在幼儿期最为突出。"自我"是意识结构，由认识和理智过程组成，是理性的，受现实世界的约束，按照现实原则进行活动，是他律。"超我"代表社会道德标准与规范，是良心与自律，为一种理想的状态，依"至善原则"活动。"超我"抑制"本我"的冲动和本能。就犯罪人而言，其主要是受到本我的支配，自我的作用很少，更谈不上超我作用的发挥。

思想家孔子认为，"性相近也，习相远也"。① 说的是，人的本性都是相近的，而习性则差异较大。"性相近"指的是人的生物性，食色性也。"习相远"指的是人的文化性、社会性，人的行为习惯与行为方式。环境对人的影响至关重要。思想家墨子也认为，"染于苍则苍，染于黄则黄，所入者变，其色亦变。"② 对于孔子人性观念的不同理解，形成了孟子的性善论与荀子的性恶论两种学说。

1. 性善论

思想家孟子认为，"人性之善也，犹水之就下也。"③ 人的本性是善良的，如同水往低处流。他从仁（恻隐之心）、义（羞恶之心）、礼（恭敬之心）、智（是非之心）的四种心理角度加以论证。

2. 性恶论

思想家荀子认为，"人之性恶，其善者伪也。"④ 也就是说，人的天性是恶的，善只是人为的。他反对孟子的"性善论"。荀子认为："人生而有欲，欲而不得，则不能无求；求而无度量分界，则不能不争；争则乱，乱则穷。"⑤ 但是，荀子也强调环境对人的影响很重要。他认为，"木受绳则直，金就砺则利"，"蓬生麻中，不扶而直。白沙在涅，与之俱黑。"⑥

---

① 《论语·阳货篇》。
② 《墨子·所染》。
③ 《孟子·告子上》。
④ 《荀子·性恶》。
⑤ 《荀子·礼论》。
⑥ 《荀子·劝学》。

3. 性无善恶论

思想家告子认为，"生之为性。食色，性也。人性之无分于善不善也。"① 意思是说，天生的资质就是人的本性，饮食，男女，是人的本性。人的本性不分善恶。

犯罪心理预防，是指运用心理学的理论与方法，采取有效措施，对行为人的心理施加某种影响，控制和排除犯罪心理形成的相关因素，防止形成犯罪心理、产生犯罪行为的活动。

家庭环境对个人成长的影响。双亲不全家庭，即父母离异、父母一方或双方死亡、再婚、父母患精神病、父母关系紧张等。从小缺乏关爱的人，可能逐渐形成性格缺陷。

犯罪心理矫治，是指犯罪心理矫正与心理治疗。更具体而准确地讲，是罪犯心理矫治。这种矫治针对的是已经被定罪量刑交付执行的罪犯，又称为服刑人员，我国台湾称之为受刑人。而旨在防止犯罪行为发生的犯罪心理预防，则与犯罪心理矫治体现了犯罪学功能的不同阶段。罪犯心理治疗是矫正学（监狱学与社区矫正学）的主要内容。罪犯心理治疗并不是犯罪学关注的主要内容，却是犯罪心理学的重要内容。犯罪学关注的主要还是未然犯罪人，以及如何防范犯罪行为的发生等。

（二）犯罪动机理论

犯罪动机，是激起和推动行为人实施犯罪行为的心理起因。犯罪动机产生于行为人的需要，行为人的需要是发生犯罪动机的前提和基础。犯罪动机是行为人的需要与其他主观因素及各种社会条件相结合的产物。犯罪动机形成后产生犯罪目的，犯罪目的在一定条件下外化成犯罪行为。犯罪动机发生于故意犯罪之中。一般情况下，过失犯罪则没有犯罪动机。但也有人认为，"在过于自信的过失中存在着动机冲突或动机斗争……，无意识动机表现在疏忽大意的过失犯罪中，主要有疲劳状态、酗酒和酒精中毒、冲动性、习惯性和定式等"。②

---

① 《孟子·告子上》。
② 邱国梁：《犯罪心理学的理论与运用研究》，群众出版社，2005，第122页。

犯罪动机的形成具有多种因素，但主要有内因与外因两大因素，即犯罪人的需要与犯罪诱因。美国著名社会心理学家亚伯拉罕·马斯洛（Abraham H. Maslow，1908～1970）① 提出了马斯洛需要层次理论。他把人的需要分为五个层次：一是生理需要（Physiological needs），为本能层次上的生存需要，是最强烈、最低层次的需要；二是安全需要（Safety needs），为生活环境与生活秩序安全的需要；三是社交需要，为爱与归属（Love and belonging）的需要，是群体归属的需要；四是尊重需要，发挥自己的能量与才干，获得成功和名声，需要他人尊重（Esteem）和承认自己；五是自我实现需要（Self-actualization），是对理想实现的需要，也叫"成长需要"，为最高层次的需要。

春秋时期的想想家、政治家在谈到如何治理民众时，提出了"仓廪实则知礼节，衣食足则知荣辱"②、"不患寡而患不均"③ 的观点。可见，贫穷与贫富不均都是产生犯罪的原因之一。人们也常说饥寒起盗心、穷山恶水出刁民。贫富悬殊导致相对贫困与被剥夺感，容易滋生犯罪。并且，也可以理解为形成犯罪心理的一种因素。在古代西方，也存在犯罪与社会关系的相关论述。古希腊哲学家柏拉图在《理想国》中提出，在人的灵魂中含有善与恶两部分，但人的品行习惯的善良与邪恶则是由其所受教育的好坏决定的；人都有如同野兽般的恶性和贪婪的欲望，如果自身不加节制，兽性便活跃，引发各种邪恶的行为。恶性的发展既受个人控制的影响，也受外在条件的影响。思想家亚里士多德对待犯罪问题的观点是"性恶论"，认为犯罪的主要原因是人的邪恶本性。"贫穷会导致造反和犯罪"、"最严重的犯罪不是为了获得生活必需品而进行的，而是因为贪得无厌而发生的。""世间重大的罪恶往往不是起因于饥寒，而是产生于放肆。"④ 犯罪既有生活条件方面的原因，也有人类本性方面的因素，许多犯罪的原因在于人类的邪恶本性。意大利著名政治思想家托马斯·阿奎那在《神学大全》中指出，在"极其贫穷"的情况下产生盗窃

---

① 马斯洛的代表作品有《动机和人格》、《存在心理学探索》、《人性能达到的境界》等。
② 《管子·牧民》。
③ 《论语·季氏篇》。
④ 〔古希腊〕亚里士多德：《政治学》，商务印书馆，2003，第70～71页。

是允许的。

关于犯罪动机与犯罪目的，犯罪目的是行为人在实施犯罪行为过程中所希望并追求达到的结果，犯罪动机与犯罪目的都是行为人的内部心理活动，都以某种反社会需要为基础且都为满足该需要服务。但犯罪动机更具有内在性、隐蔽性。犯罪动机先于犯罪目的而产生。犯罪目的比犯罪动机更具体化。犯罪目的是犯罪结果的主观形态。

关于反社会型犯罪，一般是行为人发泄不满情绪，没有或者不针对具体的犯罪对象，往往造成大量无辜人员的伤亡，在人员密集的公共场所开车横冲直撞，在公交车上纵火，以危险方法危害公共安全犯罪。这就需要加强社会矛盾化解和心理疏导。针对公交车的安检问题，安装摄像头主要是有利于发生案件后的事后侦查，并不能即时阻止犯罪行为的发生。公交车应该安装自动安检系统，阻止有人秘密携带危险品乘车，危及全体乘车人的人身安全。

FBI① 认为，犯罪问题已经成为每个国家都面临的一种社会问题，要想稳定社会秩序就必须对犯罪活动给予足够的重视，并结合本国的社会发展的实际情况对犯罪分子的作案动机和目的进行认真分析，这才是解决犯罪问题最根本的方法。犯罪心理学就是从犯罪者出发，对他们的作案动机和作案目的进行全面分析，并找到事情背后隐藏的真相。犯罪分子进行犯罪的过程中，犯罪心理支配着他们的犯罪行为，并控制着犯罪活动的发生。②

此外，还有犯罪学习理论（learning theory of crime），是指根据行为学习理论解释犯罪心理形成及犯罪行为发生机制的理论，等等。

三 犯罪心理测试与犯罪心理画像

（一）犯罪心理测试

犯罪心理测验（test of criminal mind，criminal polygraph test），又称犯

---

① 美国联邦调查局，隶属于美国司法部，英文全称 Federal Bureau of Investigation，英文缩写为 FBI。
② 金圣荣编著《FBI 读心术：美国联邦警察的超级心理密码》，哈尔滨出版社，2011，第 126 页。

罪心理测谎，是指运用生理心理测试仪检测嫌疑人生理反应指标以甄别、判断其与刑事案件关系的测试技术。测谎技术使用的仪器一般称作测谎仪（Polygraph）。弗洛伊德曾言，没人能保守秘密，即使双唇紧闭，指尖也会说话，每个毛孔都泄露着秘密。

（二）犯罪心理画像

犯罪心理分析技术，又称为犯罪人特征剖析，即犯罪心理画像（criminal psychological profiling），是通过犯罪人作案时留下的各种痕迹，分析其行为方式，进而判断出其性格与心理障碍等信息，为破案提供方向，是刑侦重要的辅助手段。

四　学术组织与学术会议

1983 年 6 月，中国心理学会法制心理专业委员会在江苏省无锡市成立，2010 年更名为中国心理学会法律心理学专业委员会，是目前我国法律心理学、犯罪心理学、司法心理学领域唯一的全国性学术团体。该组织负责全国同行的学术交流、理论与实践融合、课题攻关协调、专业技能培训等工作。罗大华教授曾长期担任该团体领导职务。学会现任会长为中国政法大学社会学院马皑教授。多年来，各省市也建立了相关学术组织，如四川省心理学会法制心理学专业委员会（靠挂于四川警察学院），天津市法制心理学会（业务主管单位为天津市社会科学界联合会）。

第三节　被害人学

在传统的犯罪预防中，主要是针对犯罪人提出各种防范措施，往往不重视犯罪人的侵害对象——被害人。犯罪预防应当改变"犯罪人中心主义"，虽然不必非此即彼地转向"被害人中心主义"，但是至少应该重视被害预防在整个犯罪预防体系中的重要作用。

一　被害人学概论

犯罪被害人学，简称被害人学（Victimology），是研究犯罪被害现象、被害原因、被害人及其与犯罪人的相互关系、被害预防、被害人保护的一门刑事科学。① 被害人学是在刑法学、犯罪学、刑事诉讼法学及刑事政策学的研究基础上发展起来的交叉学科，与社会学、心理学、伦理学、教育学等学科有着密切的联系。被害人学属于社会科学，有被害人就有犯罪人，其研究对象具有"人为性"因素，所以不应包括诸如气象灾害、海洋灾害、天文灾害等自然因素引起的灾害，这些属于灾害学或者说是自然灾害学的研究范畴。② 自然灾害也不存在"犯罪人"一说。

被害人学是个舶来品，也是一门新兴学科，其研究始于 20 世纪四五十年代的西方国家。

1941 年，美籍德国犯罪心理学家、汉堡大学教授汉斯·冯·亨梯（1887~1974）在《刑法、犯罪学、警察科学杂志》上发表了《论犯罪人与被害人的相互作用》。③ 这篇著名论文被认为奠定被害人学的基础之作。

1947 年，以色列法学家、律师本杰明·门德尔松（Benjamin Mendelsohn）在罗马尼亚精神病学学会上，发表了题为"被害人学——生物、心理、社会学的一门新科学"（A New Branch of Bio-psychosocial Science：Victimology）的著名演讲，首次明确提出"被害人学"的概念。1948 年，汉斯·冯·亨梯在美国发表了《犯罪人及其被害人》（The Criminal And His Victim）的研究报告。1954 年，加拿大精神病学家、精神病医生、犯罪学家亨利·埃伦伯格（Henri Ellenberger，1905~1993）发表了《犯罪人与被害人之间的心理关系》的论文。这三部著作的发表标志着被害人学的正式诞生。这三位学者也被誉为"被害人学之父"。

在被害人学学科性质问题上，冯·亨梯与埃伦伯格认为被害人学是犯罪学的分支学科，而门德尔松坚持被害人学应当是独立学科。当然，学科

---

① 被害人学，在最初传入中国时，曾被翻译成被害者学、受害者学，现在通称被害人学。

② 目前，我国已有自然灾害方面的相关立法，如《自然灾害救助条例》（2010 年 7 月颁布）、《气象灾害防御条例》（2010 年 1 月颁布）、《地质灾害防治条例》（2003 年 11 月颁布）等。国家设立专门的救助组织和部门负责自然灾害的救助工作。国家减灾委员会负责组织、领导全国的自然灾害救助工作，协调开展重大自然灾害救助活动。民政部设置救灾司，承担具体工作。

③ Hans Von Hentig, "Remarks on the Interaction of Perpetrator and Victim", *Journal of Criminal Law*, *Criminology and Police Science*, Vol. 31, No. 3, 1941, pp. 303 – 309.

的独立不是一蹴而就的，被害人学学科不可能刚产生就独立，需要一个发展过程。门德尔松的被害人学学科"独立说"表达的是一种应然观点，而不是实然状态。

1965年，在加拿大蒙特利尔举行的第五届国际犯罪学学会，首次将被害人学列为会议议题之一。1973年，第一届国际被害人学研讨会在以色列举行，之后每三年在世界各主要地区召开一次。1976年，第一份被害人学学术刊物《被害人学国际杂志》（Victimology：An International Journal）在美国华盛顿创立。[①] 1979年世界被害人学会在德国明斯特成立使被害人学进入了一个有组织发展的新阶段。德国著名心理学家、法学家、犯罪学家、被害人学家汉斯·约阿希姆·施奈德（Hans Joachim Schneider，1928~　）教授当选为第一任主席。1994年8月21~25日，第八届国际被害人学研讨会在澳大利亚阿德莱德市召开，主题为"家庭暴力"，与会代表500多人，中国首次派出代表参加会议。[②] 2018年6月10~14日，第16届被害人学国际研讨会首次在中国香港举行。

20世纪80年代，被害人学传入我国内地。1982年，刑事科学杂志《刑事技术》第3期上发表的《国外法医学研究新课题》中就提到了被害者学一词。1984年，张卫平在《法学季刊》（《现代法学》前身）第4期上发表了《一门新兴的学科——被害者学》，是较早专门讨论被害人学的论文。1989年，张智辉、徐名涓编译的《犯罪被害者学》在群众出版社出版，这是我国首次出版的关于犯罪被害人学的著作。同年11月，中国矿业大学出版社和中国政法大学出版社又分别出版赵可主编的《被害者学》，汤啸天、任克勤编著的《刑事被害人学》。2002年，中国人民公安大学在本科阶段开设了犯罪被害人学课程。2010年11月，中国人民公安大学李伟主编的《犯罪被害人学》出版，为北京市高等教育精品教材立项项目，是我国出版的第一部被害人学大学教材。

---

① 吴宗宪：《西方犯罪学史》第四卷，中国人民公安大学出版社，2010，第1443页。
② 康树华：《加强青少年犯罪的被害人研究》，《青少年犯罪问题》1995年第6期。

2010 年 3 月，中国犯罪学学会的分支机构——犯罪被害人学专业委员会成立。2014 年 11 月，上海大学诉讼法与被害人学研究中心（挂靠在上海大学法学院）成立，这是国内第一个专门研究犯罪被害人问题的学术机构。目前，被害人学缺乏独立的全国性学术组织。

二 被害人学与犯罪学的关系

犯罪学采取"犯罪人中心主义"的研究模式，在犯罪现象、犯罪原因和犯罪预防等犯罪学主要研究对象中，"犯罪人"是被贯穿始终的，只是各个阶段的侧重点不同而已。被害人学采取"被害人中心主义"的研究模式，所要解决的核心问题是如何进行被害预防和被害人保护。犯罪学与被害人学的研究范围有交叉，且关注点不同。被害人学中的被害人保护属于司法制度中的内容，而不被犯罪学所涵盖。

就国内而言，在教学领域，被害人学一般是作为犯罪学课程部分章节出现的，鲜有独立开设。比较典型的是，中国人民公安大学在犯罪学本科专业中，开设了犯罪被害人学课程。被害人学学科地位弱小，在我国教育界还是被当作犯罪学的分支学科对待。在科研领域，被害人学处于稳步发展阶段。我国学者对被害人学的学科性质多持独立说。"被害者学从犯罪学中分离出来，成为一个独立的学科领域，是一种大趋势。"[1] "刑事被害人学应当成为我国法律科学中一门独立的分支学科。"[2] "被害人学有别于犯罪学和其他刑事法律科学，应当是一门独立的刑事法律学科。"[3] 从应然角度讲，被害人学应该是一门独立的法学学科。被害人学产生于犯罪学，但被害人学的发展趋势是逐渐成为一门独立学科。

三 被害预防[4]

犯罪问题是社会各种矛盾的综合反映，是一种社会疾病。我们应该通过各种角度，采取多种方法和措施，预防和减少犯罪的发生。犯罪预防，

① 赵可主编《被害者学》，中国矿业大学出版社，1989，第 11 页。
② 董鑫、朱启昌、廖钟洪：《刑事被害人学》，重庆大学出版社，1993，第 6 页。
③ 任克勤：《被害人学新论》，广东人民出版社，2012，第 22 页。
④ 刘可道等：《被害预防问题研究》，《犯罪与改造研究》2017 年第 2 期。

针对犯罪人展开是题中应有之义，但是也不能忽视被害预防。尤其是在以犯罪人为中心的预防措施未能起到应有的作用时，被害预防的威力就更加突出了。

（一）被害预防、犯罪预防与被害调查

1. 被害预防与犯罪预防的关系

被害预防的对象主要是潜在被害人，有时也包括已经被害和正在被害的人。犯罪预防的对象主要是潜在犯罪人，也包括已经犯罪和正在实施犯罪的人。

犯罪离我们每个人都并不遥远。生活中，我们每个人都可能是潜在的犯罪被害人。我们可以保证自己不做犯罪人，不去实施犯罪行为，却无法完全避免成为犯罪人的侵害目标。犯罪是一种复杂、消极的社会现象。现阶段，短时间内无法消除犯罪，而只能打击和预防犯罪。

被害预防，是指国家、社会和个人为防止和减少初次被害或继续被害而采取保护策略和措施的预防犯罪被害的活动。没有被害就没有加害，如果说犯罪人与被害人是一对冤家，那么冤家不碰头就成不了冤家，"及时采取各种措施，防止被害，防止了被害，也就阻止了犯罪的发生。"①

犯罪与被害是一种因果关系。预防犯罪与被害预防是一个问题的两个方面，二者相辅相成，最终目的是一致的。但是，被害预防与犯罪预防关注的角度和重点有所区别，"被害预防是从被害人角度研究和实施防止犯罪侵害的自我防范举措；而预防犯罪是根据犯罪原因和规律，探索犯罪诱发因素与制约因素的互动关系，调动社会各方面的力量，制定并实施恰当的对策，防止和减少犯罪的系统工程。"②

在传统的犯罪预防中，多是围绕如何防止潜在的犯罪人实施犯罪行为展开。比如人防物防技防等基本的防范措施，都直接针对犯罪人。但是，如果潜在的被害人不知晓或不会利用防范措施，传统的防范措施也会大打折扣。所以，只有将被害预防与传统的犯罪预防措施相结合，才能达到最

---

① 康树华：《加强青少年犯罪的被害人研究》，《青少年犯罪问题》1995 年第 6 期。

② 汤啸天、张滋生、叶国平、王建民：《犯罪被害人学》，甘肃人民出版社，1998，第 206 页。

佳的犯罪预防效果。并且,被害预防有其自身的优势,"从实际情况看,改变被害人或潜在被害人的行为比改变犯罪人或潜在犯罪人的行为要容易得多,从另一个角度讲,预防被害比预防犯罪要可行得多,效果也更直接。"①

我们平时更多强调的是如何预防和惩治犯罪,而很少关注如何进行被害预防。广义上讲,被害预防也是犯罪预防体系中的一个环节。被害预防包括社会预防、群体预防与个体预防。社会预防是整体性、综合性、宏观性预防,由有关职能部门实施。群体预防属于中观预防。个体预防是社会预防的重要补充,是个人依靠经验、知识和技能实施以避免犯罪侵害,为微观预防。对于个人而言,犯罪被害预防的重要性不容忽视。因为国家的警力是有限的,对公共安全的保护无法做到覆盖每个角落。"被害预防强调公民个人的责任,即每个公民都有预防被害的责任。与犯罪预防相比,被害预防可以最大限度地调动广大群众的积极性。"②

我们每个普通公民都应该首先学会掌握犯罪被害预防的基本知识。被害预防知识与经验需要推广,被害预防教育需要倡导。"许多人之所以被害,主要原因是缺乏被害者学的知识,对自己身上存在的各种被害因素没有感觉。为此,社会应当利用宣传媒介和可能的机会,对公民进行有关知识的传授,使人们了解自己身上的潜在危险,自觉防止被害。"③

媒体在报道犯罪案件的发生、侦破、审理、执行等信息的同时,也不要忽视普及犯罪被害预防知识。报刊、网络、电视台、广播等媒体可以邀请有关专家进行讲解。中小学校也要开设安全教育课程,提高学生们的自救能力。平安教育需要终身学习。然而,由于受高考指挥棒的影响,我国各级各类学校非常注重提高升学率、就业率,却很少开设生命安全教育课程。这就要求学生家长要更加注重教育青少年学会如何保护自己。高校、科研机构要重视对犯罪学、被害人学的教学与研究工作,培养一批专业队伍,以满足社会对犯罪预防和被害预防相关理论知识的需求。

---

① 张弘主编《犯罪预防学》,中国人民公安大学出版社,2004,第178页。
② 董士县:《犯罪预防模式研究》,《山东警察学院学报》2014年第1期。
③ 白建军:《犯罪学原理》,现代出版社,1992,第229页。

2. 被害预防的时空因素

易被害时间——什么时间容易发生犯罪？

易被害时间是被害的多发时间。犯罪的发生，从时间角度上讲还是有一定规律可循的，犯罪人一般会选择最为有利的时间实施犯罪行为，在容易接近犯罪目标且容易逃离犯罪现场的时间作案。如果我们平时了解易被害时间就能够减少遭受犯罪侵害的概率。最常见的被害时间，比如，冬末年底是侵财性案件的多发期，夏季是强奸犯罪的多发季节。夜晚和凌晨是盗窃案件多发时段，而诈骗罪多发生在白天。

易被害空间——哪些空间容易发生犯罪？

容易被害的场所和地点是被害危险环境，是犯罪的高发区和重灾区。影响犯罪人选择犯罪空间的因素主要有防护设施设置情况、被害对象状态、犯罪空间周边治安监控情况、周围人员活动情况等。① 被害危险环境下，犯罪人可能会随时出没，捕捉侵害目标，且环境有利于其作案，不利于被害人防范和反抗。处于被害危险环境的人，被害的可能性很大，有的则必然被害。②

具体而言，荒郊旷野、深巷暗街、地下停车场等都是危险环境。这些地方是抢劫、强奸等犯罪案件的多发地带。女性出行最好结伴，尽量不进入人少的地方或陌生的环境。火车站、商业街等人员流动频繁的开放性空间容易发生盗窃、抢劫等犯罪。而交通工具由于具有移动性，是一类特殊的犯罪空间。公交车上容易发生盗窃，"黑车"容易发生抢劫、强奸犯罪。

3. 被害调查与犯罪被害预防

犯罪调查主要包括犯罪人调查与被害人调查两种类型。被害调查，又称被害人调查，是指以个人、家庭和组织为对象的一种犯罪调查方法和犯罪测量工具。犯罪被害人调查的一个重要意义在于，"通过分析犯罪被害原因，揭示犯罪被害规律，可以有效地预防和减少犯罪的发生。"③

1966 年，美国开始犯罪被害人调查。1973 年，美国开始进行全国性

---

① 周路主编《当代实证犯罪学新编——犯罪规律研究》，人民法院出版社，2004，第 244 页。

② 任玉芳：《刑事被害人学》，中国人民公安大学出版社，1997，第 111 页。

③ 张远煌等：《国际犯规被害人调查理论与实践》，法律出版社，2015，第 12 页。

的犯罪被害调查，由美国司法部司法统计局负责。① 1991 年正式命名其为"全国犯罪被害调查"（The National Crime Victimization，简称 NCVS）。20 世纪 70 年代，犯罪被害调查在一些发达国家和地区陆续开展。1989 年，联合国首次组织"国际被害人调查"（The International Crime Victim Survey，简称 ICVS）。

在国内，1994 年，为配合联合国第二次国际犯罪被害人调查，中国司法部预防犯罪研究所在北京市开展了调查规模为 2000 个样本的被害人调查活动。② 这是首次带有官方色彩的本土性被害人调查。

此外，2004～2013 年，天津市公安局每年在全市范围内开展社会公众安全感满意度问卷调查。调查对象按照全市人口总数千分之五的比例抽取。采取入户走访、随机访谈、电话访谈等方式，开展问卷调查。③

（二）被害性与被害预防

从防止潜在被害人成为犯罪人实施犯罪的目标上讲，要了解被害人特征。被害性是被害人的主要特征。

被害性，是指被害人自身存在诱使或强化犯罪行为发生的主客观因素，而容易遭受侵害的特性，也被称作致害因素或被害因素。并不是所有人都具有被害性，被害性表达的是一种被害的可能性，也即有被害性的人未必为被害人，因为导致被害还有被害人以外的其他因素。被害性的相近概念是被害原因。"被害人的被害性不同于被害原因。被害性是有利于被害发生的条件，而被害原因是原因，是引起犯罪行为的一种现象。"④

在突发案件中，没有被害性的人也可能成为被害人。比如 2001 年发生的石家庄"3·16"特大爆炸案，造成 108 人死亡的严重后果。犯罪人为泄私愤，采取极其凶残手段，对其仇恨对象所居住的楼房实施爆炸。⑤ 该起案件的这些无辜者就不能说有被害性。

---

① See National Crime Victimization Survey Resource Guide, available at http：//www.icpsr. umich.edu/icpsrweb/NACJD/NCVS/index. jsp#About_ NCVS, last visited at 28/07/2016.
② 郭建安主编《犯罪被害人学》，北京大学出版社，1997，第 62 页。
③ 刘峦、孔琳：《家住天津安全否 满不满意您打分》，《每日新报》2007 年 11 月 28 日。
④ 孙斌：《被害预防案例分析》，华中科技大学出版社，2016，第 3 页。
⑤ 王雷鸣、翟伟：《河北省石家庄"3·16"特大爆炸案侦破纪实》，《人民日报》2001 年 3 月 24 日。

对于被害性，可以从被害的诱发性与被害的倾向性两个主要方面作进一步的理解。

1. 被害的诱发性

被害的诱发性，是指在被害人的言行中存在着引起犯罪人的犯罪行为从而使自己被害的因素。在犯罪动机形成和犯罪实施过程中，由于相互对立的被害者与加害者之间的相互作用，被害者通过自己的言行成为犯罪过程的积极参与者。最明显的例子是被害者的挑衅行为。在加害者的犯罪动机形成中，被害者的行为所起作用的大小表现为被害的诱发性程度，亦表现为被害者的有罪性程度。而诱发作用的大小又与被害者的性别、饮酒与否以及被害者与加害者的人际关系等情况有关。① 被害的诱发性对犯罪人的犯意具有强化作用，起到了祸从口出、引狼入室、引火烧身的副作用。被害人会承受咎由自取的不利后果。对此，人们应该引以为戒，注意自己日常的言行举止。

2. 被害的倾向性

被害的倾向性，是指被害人所具有的使自己陷入被害情境的心理、生理或外在的趋向或可能。被害的倾向性是被害人所具有的普遍性特征。具有被害倾向性的人具备了进入被害情境而成为犯罪被害人的可能性。但是，只有当外在的加害因素发现和利用了该特征时，被害的倾向性才会转变为被害的现实性。②

我们掌握了被害人的被害性特征，消除被害因素就可以大大提高被害预防能力。一起犯罪案件的发生，一般包括犯罪人、被害人、犯罪地点、犯罪时间、犯罪起因、犯罪经过、犯罪结果等诸多要素。③ 从被害预防角度讲，要重点关注易被害人群、易被害时间与易被害空间等要素。

易被害人群——什么样的人容易被害？根据生活方式理论（lifestyle theory），一个人之所以被害，是由于其生活方式中具有的某些特性决定

---

① 张智辉、徐名涓编译：《犯罪被害者学》，群众出版社，1989，第 39~40 页。该书资料来源主要是宫泽浩一所著的《犯罪与被害者——日本的被害者学》（三集）。

② 张绍彦主编《犯罪学》，社会科学文献出版社，2004，第 99 页。

③ 犯罪过程可以描述为何人（犯罪人、被害人，即犯罪主体与犯罪对象）、何故（起因）、何时（犯罪时间与被害时间）、何地（犯罪地点与被害地点）、何果（犯罪后果）等要素的综合。

了个体经常处于被害的危险情境，或者被害人由于经常与具有犯罪特性的人接触而增加了个体被害危险。生活方式决定着某人在特定时空与具有某种人格特性的特定人的接触，从而导致具有某种生活方式的人容易在特定时空条件下成为被害对象；也就是说，不同的生活方式蕴含着不同的被害危险，经常与具有犯罪特性的人交往的人，暴露在危险情境中的机会越多，被害的可能性越大。① 暴露在公共场所的频率与被害风险成正比，歌舞厅与酒吧服务人员、出租车司机被害可能性更大。歌厅这种人员流动性大、身份各异的场所，容易成为犯罪人选择的作案目标。

犯罪人也是吃柿子拣软的捏，他们会寻找容易下手的作案目标。"如果认为作案难度大或者作案后难以逃脱法网，那么，除激情犯罪外，绝大多数犯罪人是不会作案的。"② 一些人之所以遭受犯罪侵害，一个重要原因是缺乏被害预防意识。有道是害人之心不可有，防人之心不可无。风险社会保持警惕性非常必要。医学上讲，预防是最好的治疗。这句话在被害预防领域同样适用。我们普通公民要提高被害预防的主动性和自觉性。那些具有违法行为、不道德行为的人以及具有炫富、贪利、轻信、迷信等性格的人更容易成为犯罪侵害对象。另外，"个人隐私的暴露不但会增加被害易感性，而且会增加公安司法机关查破案件的难度。在个人隐私暴露的情况下，个人的防范不但极为空虚，而且十分脆弱，甚至有陷入被动的危险。"③

从年龄与性别上讲，未成年人容易成为被拐卖的被害人，老年人容易成为财产诈骗的被害人，穿着暴露的女性及娱乐场所的女性容易成为性犯罪的被害人。

从职业与社会地位上讲，企业主、富豪容易成为绑架案的被害人。1996 年，香港富商李嘉诚的长子李泽钜被世纪大盗张子强绑架，李嘉诚

---

① 宋浩波主编《犯罪学新编》，中国人民公安大学出版社，2003，第 222 页。
② 陈和华：《被害性的犯罪心理学分析》，载王牧主编《犯罪学论丛》（第七卷），中国检察出版社，2009，第 405 页。
③ 汤啸天、任克勤：《刑事被害人学》，中国政法大学出版社，1989，第 194 页。

被勒索赎金 10.38 亿港币。① 李嘉诚的反思话语耐人寻味。他说，"我们在香港知名度这么高，但是一点防备都没有，比如我去打球，早上五点多自己开车去新界，在路上，几部车就可以把我围下来，而我竟然一点防备都没有，我要仔细检讨一下。"② 作为多次登上胡润全球富豪榜华人首富宝座的一位超级富豪，李嘉诚在商业方面善于防范风险，但是在个人家庭安全方面却过于大意！痛定思痛，张子强事件后，李嘉诚投资超过 10 亿港币用于家庭安防安保，包括购置全球顶级高标准防弹车、重新装修住宅等。

当今社会，富豪、高官等社会名流，通过配备保镖、警卫人员，防止被害风险。

人际关系中的被害预防。人不能脱离社会而存在，人是社会的产物，人的本质属性是社会性。作为社会上的人，不可避免地要与他人发生各种联系。在人际交往过程中，存在着合作、竞争与冲突的互动关系。从被害预防角度讲，我们应该学习古人的智慧。子曰，"与善人居，如入芝兰之室，久而不闻其香，即与之化矣；与不善人居，如入鲍鱼之肆，久而不闻其臭，亦与之化矣。丹之所藏者赤，漆之所藏者黑，是以君子必慎其所处者焉。"③ 生活与工作过程中，要防止不当的人际交往而使自己陷入不利境地，应谨慎地选择与自己相处的人和环境。对危险者要敬而远之，采取回避策略，即"人们采取的限制与危险人物和令人害怕的情境接触的行动。"④

身陷险境中的被害自救。预防措施不是万能的，不能化解所有被害危险。个人一旦身陷危险之中，不能气馁，也不能消极等待，而是要积极进行自救，把危险控制在最小范围。生命是最宝贵的，面对歹徒的各种无理要求，被害人不要与之发生正面冲突，而要拖延时间，机智灵活，懂得应变，伺机逃脱，促使犯罪人终止或减轻对自己的侵害。并且，也不要刺激

① 该案件曾引起轰动，并被收入最高人民法院公报案例。详见《张子强等非法买卖、运输爆炸物，抢劫，绑架，走私武器、弹药，非法买卖、运输枪支、弹药，私藏枪支、弹药上诉案》，载《中华人民共和国最高人民法院公报》1999 年第 1 期。
② 陈新焱：《李嘉诚接受南方周末专访》，载《南方周末》2013 年 11 月 29 日。
③ 王国轩、王秀梅译注：《孔子家语》，中华书局，2009，第 136～137 页。
④ 〔美〕安德鲁·卡曼：《被害人学导论》（第六版），李伟等译，北京大学出版社，2010，第 108 页。

犯罪人，以免其加重对自己的侵害。并且可以采取"化敌为友"的策略，"在犯罪行为的准备和实施过程中，如果能及时唤醒犯罪人作为人的感情，使其把被害人视为与自己同类的人，就可能适时制止或减轻犯罪的危害。"① 即使在无力抵抗情形下，也要暗暗记住犯罪人的体貌特征，及时报案，避免再次被害和他人受害。

虽说吃一堑可以长一智，但再好的刀伤药也不如不割口。我们在日常生活和工作中要关注被害预防，防患于未然，做到善处平安，减少乃至杜绝被害性。

（三）被害人化与被害预防

被害人化是指遭受犯罪行为侵害继而被害后果不断恶化的过程，这个过程可以划分为三个阶段，即第一次被害人化、第二次被害人化和第三次被害人化。被害人化理论是由宫泽浩一②教授提出并加以推广的。

1. 第一次被害人化

第一次被害人化，即初次被害，是指个体、单位遭受犯罪行为侵害的过程。第一次被害人化是实现非被害人向被害人转化的过程。导致被害的因素有被害人的人口统计学因素、心理因素、被害人与犯罪的关系、社会变迁因素以及时空因素。第一次被害人化的具体情况因犯罪类型的不同而有变化，即同一类型的犯罪，具体形式也千差万别。例如，职业、社会地位等因素既可能增加个体的被害性，也可能降低被害性。拥有较高收入者，既可能因其高收入成为犯罪人瞄准的对象，也可能因其财力和社会影响力而有条件加强保卫。③

对于第一次被害人化，被害预防策略可以分为一般被害预防和重点被害预防。一般被害预防主要是通过消除刺激性、改变脆弱性来防止被害的可能性。例如，对于盗窃犯罪的被害预防，主要是管好藏严、设置障碍、提高警惕。重点被害预防主要是对特殊人员的被害预防。

---

① 康树华、王岱、冯树梁主编《犯罪学大辞书》，甘肃人民出版社，1995，第51页。
② 宫泽浩一（1930～　），日本当代著名刑法学家、犯罪学家、被害人学家，法学博士，日本被害人学的奠基人。主要著作有《犯罪学二十五讲》、《被害者学的基础理论》、《被害者学》、《犯罪与被害者》等。
③ 宫泽浩一：《被害者化及其对策》，张甘妹译，《警学丛刊》1988年第3期。

2. 第二次被害人化

第二次被害人化，是指被害人或其亲属在参与刑事司法过程中，或者在被害后受到社会或其亲属、朋友的不良反馈和对待，加深其被害后果的过程。这一过程是被害人因受犯罪行为侵害而引发的二次被害，又叫作再次被害或再度被害。在刑事侦查、公诉、审判过程中，被害人往往需要接受询问，怀着痛苦的心情陈述被害情节，以及司法机关对被害人权利的忽视，使被害人再一次受到情感上的伤害和权益上的损害。新闻媒体不加限制地报道被害人及其亲属的个人隐私，被害人遭受犯罪行为侵害后又遭到其亲朋好友的忽略、嘲笑、指责甚至辱骂或者过度关心等，这些都会导致被害人尚未平静的生活又添新乱，再次受到种种伤害。

3. 第三次被害人化

第三次被害人化，是指经过两次被害人化的被害人，自我消沉、自暴自弃、自我毁灭以及由被害人向犯罪人转化的过程。"第三次被害人化是被害人被害后心理发展的一个重要时期，由于处于自我封闭的状态，缺少外界良性因素的介入，其心理发展常常形成螺旋式的恶性循环：自责—孤独——自卑——绝望。"① 造成第三次被害人化的原因，除了个体性格、社会地位等因素外，主要在于被害人无法获得必要的帮助和公正的对待，这使其感到孤立无援，无法排遣内心痛苦，由此导致过度自我谴责、情绪压抑，甚至自残或实施报复。

可以采取以下几种对策防治第二次被害人化与第三次被害人化。一是，进行以被害人权益保护为导向的司法改革；二是，平衡好新闻自由与被害人权益保护的关系；三是，教育社会公众及被害人亲属对被害人，尤其是敏感案件、敏感个性的被害人予以适当反应；四是，建立被害人援助组织，为被害人提供心理、医疗、法律等方面的帮助，促使被害人及其亲属，尤其是抗被害化能力较低的被害人走出困境；五是，为缓和被害人对犯罪人的仇恨和对其严厉惩罚的诉求，同时提高犯罪人社会回归的概率，应减少机构处遇，增加社会处遇，利用被害赔偿、犯罪人向被害人赎罪等

① 王延君：《被害人化问题刍议》，《法学研究》1990 年第 3 期。

方法促使被害人与犯罪人和解。①

被害过程具有三个阶段，这使我们认识到被害后果并不仅仅随着犯罪的结束而停止，如果对被害人和被害后果没有给予应有的重视和科学的解决，这种后果会进一步恶化。被害人化的防治需要个人及家庭的努力，由于绝大多数被害人仅靠自身是无法摆脱困境的，所以更加根本和有效的防治在于政府，需要政府进行刑事司法改革，建立相应的救助机制，加强相关宣传。②

四　被害人与犯罪人

犯罪不是孤立存在的行为，它依存于一定的社会关系之中。"不把加害人与受害人之间的关系，仅仅看成单方面恶与善的一元化和绝对化的对立关系了，而是看成相对的多元化的关系"。③ 犯罪行为的发生离不开被害人的参与。被害人与犯罪人是一对共生的"刑事伙伴"关系。犯罪是犯罪人与被害人交互活动的产物。了解和掌握犯罪人与被害人的互动关系，能够对被害预防起到积极作用。

犯罪人与被害人的角色也不是一成不变的，它们之间有时会发生某种转化，并且主要是正向转化，即由被害人主动向犯罪人转化，而原先的犯罪人被动成为被害人。没有谁愿意主动成为被害人。

（一）被害人与犯罪人的互动

被害人与犯罪人的互动关系（Criminal and Victim Interaction），是指被害人与犯罪人各自以其被害原因或者加害原因为作用力，通过语言、行动产生相互影响、相互作用，使犯罪得以发生、发展和演变的过程。被害人与犯罪人的互动模式可以划分为四种主要类型，即犯罪人攻击模式、被害人引发模式、冲突模式、斯德哥尔摩模式。

1. 犯罪人攻击模式（Criminal Offense Pattern）

在多数的犯罪与被害过程中，通常是犯罪人有预谋地对被害人进行侵害。

---

① 李伟主编《犯罪被害人学教程》，北京大学出版社，2014，第143～144页。
② 李伟主编《犯罪被害人学》，中国人民公安大学出版社，2010，第96页。
③ 〔日〕菊田幸一：《犯罪学》，海沫等译，群众出版社，1989，第410～411页。

犯罪人一般处于主动的优势地位，被害人则处于被动的劣势地位。被害人与犯罪人的互动体现在，被害人对犯罪人的侵害行为会产生相应的反应，并且反应会由于被害人自身情况和外界环境的不同而不同。反应可能是积极的作为，也可能是消极的不作为，但都会对犯罪人的侵害行为产生一定的影响，或加剧或削弱，等等。[①]

在法律责任划分上，在此种模式中的被害人往往是无辜的、无责的。"对于被害人在受到侵害的过程中无谓或不当的反抗并不减轻加害人的法律责任，或者被害人因贪利心理而成为诈骗犯罪的被害人也不能因此而追究被害人的法律责任。"[②] 但是，有的被害人应该为自己的轻率、轻信、轻浮等性格弱点作出深刻反思。

2. 被害人引发模式

被害人引发模式（Victim Cause Pattern），也有人称为被害人推动模式、被害人催化模式、单向诱发模式，是指被害人的行为构成了犯罪的促进因素，或被害人的行为能够被罪犯理解甚至误解为对于犯罪的赞成或准允，从而使自己成为被害人的作用模式。在一些刑事案件中，被害人是犯罪行为主要的、直接的促成者，被害人激发了犯罪，推动了犯罪，促成了犯罪。[③] 被害人的引发行为，包括暗示、诱引、挑衅或加害对方等足以刺激对方不适当地采用侵害行为作为反应的行为。

在此种模式中的被害人往往存在过错，具有可责性，有时需要承担道德责任。在刑法中，案件起因、被害人过错是一种酌定量刑情节。被害人对犯罪行为的发生存在过错的，根据被害人过错程度，可以对行为人酌情从宽处理。

3. 冲突模式

冲突模式（Conflict Pattern），也称为双向推动模式，是指犯罪人与被害人在矛盾与纠纷长期积累过程中，发生侵害与被害的角色互换，最终发

---

① 赵可主编《犯罪被害人及其补偿立法》，群众出版社，2009，第110页。

② 骆群：《犯罪被害人十五讲》，中国法制出版社，2016，第39页。

③ 〔德〕汉斯·约阿希姆·施奈德主编《国际范围内的被害人》，许章润等译，中国人民公安大学出版社，1992，第434页。该书又译作《刑事司法中的被害人》，是通过英文版转译成中文的。

展到一方成为被害人为止的互动模式。在互动过程中，报复心理致使双方既是加害人又是被害人，存在角色易位现象。冲突模式发生于熟人之间，比如家庭成员之间或生活伴侣之间长期不睦导致的暴力犯罪案件，而犯罪人攻击模式常发生于陌生人之间。

冲突模式中的最终被害人，有时也构成犯罪人。例如，在家庭暴力犯罪中，妻子对丈夫的虐待忍无可忍，愤而杀夫，丈夫反而成为被害人。丈夫对妻子的殴打达到一定程度即可构成故意伤害罪，丈夫也是犯罪人，只是因为丈夫被杀死，法律不追究其刑事责任而已。

4. 斯德哥尔摩模式

通常情况下，被害人与犯罪人是相互矛盾、对立的，但是在特定情况下，两者却形成了逆转的特殊关系。斯德哥尔摩模式（Stockholm Syndrome Pattern），是指被害人基于生命等方面的严重威胁而出现了创伤性心理状态，从而使其与犯罪人之间的关系由对立转为融洽的一种特殊作用模式，是一种错综复杂的非常态互动模式。该模式又称作斯德哥尔摩综合征、斯德哥尔摩效应、斯德哥尔摩症候群、人质情结、人质综合征，源于斯德哥尔摩银行抢劫案。被害人对绑匪产生情感，对绑匪产生一种心理上的好感、依赖。从心理学角度上讲，人性能承受的恐惧有一条脆弱的底线。人质的生死操在劫持者手里，劫持者让他们活下来，他们便不胜感激，甚至反过来帮助劫持者。此种模式中被害人的行为，既可以归结为一种心理疾病，也可以看作一种心理防卫机制。

在有的被害现象中，有一种与经典的斯德哥尔摩模式相反的互动情形，即"罪犯对于自己的被害人产生了喜爱或者赞赏的情绪，并愿意终止侵害，希望与原先的被害人结成更为密切的关系。被害人对此可能并不领情，但也可能心存好感。"[1] 在战俘中，也曾发生特殊的斯德哥尔摩效应。例如，美军在伊拉克的前黑人女战俘，31 岁的苏莎娜－强森接受媒体采访时披露，自己被俘期间，有伊拉克监狱的看守曾经向她表达过爱意![2]

---

[1] 许章润主编《犯罪学》（第四版），法律出版社，2016，第 126 页。
[2] 任民：《美伊战女战俘披露难忘经历：伊拉克狱卒向我示爱》，《羊城晚报》2004 年 2 月 15 日。

（二）被害人与犯罪人的转化

被害人与犯罪人的法律地位一般来说是相对固定的，但是在有的场合，会发生转化。被害人与犯罪人的角色转化主要有防卫过当型、报复型及互殴型等典型方式，是在同一起犯罪案件中，被害人与犯罪人角色的直接转化、相互转化。

1. 防卫过当型

防卫过当型的角色转化，是指犯罪行为正在发生时，出于本能的反应，为制止侵害或减少损害，被害人在高度紧张的应急状态下对犯罪人作出的反抗，明显超出必要的限度而对犯罪人造成重大损害，此时"剧情"发生反转，原先的犯罪人又成了新的被害人。但是，后犯罪人不同于先前犯罪人，后发生的犯罪行为是由先前犯罪人引起的，后犯罪人在主观上是过失，而先前犯罪人是主观故意。尽管如此，后犯罪人仍然应负刑事责任，但是应当减轻或者免除处罚。

2. 报复型

报复型的角色转化，是指在犯罪行为结束后，被害人对犯罪人、犯罪人亲属或社会实施报复性的犯罪行为，从而被害人转化成了新的犯罪人，原先的犯罪人转化为新的被害人。报复型中的被害人，往往不报案或者认为司法不公，经过预谋，采取更为恶劣和残忍的手段，对原先的犯罪人进行报复。报复的对象主要是针对犯罪人，有时也可能针对犯罪人的亲属甚至社会上无辜的不特定人群。探讨报复型分类的意义在于，被害人的亲属和社会应当及时对其进行救助和保护，加强心理疏导，防止恶性循环。

3. 互殴型

互殴型①，主要发生在暴力斗殴案件中，也就是打群架，参与者可能既是犯罪人又是被害人。斗殴中的双方在主观上都存在故意，而防卫过当型中的犯罪人则在主观上是过失。在刑事责任上，互殴中的首要分子和其他积极参加者可能构成聚众斗殴罪、故意伤害罪、故意杀人罪。

---

① 互殴型，有的学者称作双重角色型。双重角色型的提法有些宽泛，含义不具有特定性。因为被害人与犯罪人的角色转化的各种类型都可以看作双重角色型，被害人也是犯罪人，犯罪人也是被害人。

此外，有学者认为被害人与犯罪人角色转化类型还包括认同型（也有称为仿效型）、堕落型、代际转换型（也有称为暴力循环型）等。[1] 但是，这几种类型中的被害人转化成犯罪人，其侵害对象并不是原先侵害自己的犯罪人，而是其他不特定的人。最初的犯罪人不存在转化成被害人的情形。这几种类型可以看作被害人向另案犯罪人的延续转化，也可以说是广义上的被害人与犯罪人的转化方式。

五　被害人保护

我国刑事司法的主要目的是惩罚犯罪人，预防其重新犯罪，警示潜在犯罪人，从而起到保护人民的作用。刑事司法对人民的保护，虽然包括被害人，却没有突出被害人。打击刑事犯罪，尤其暴力犯罪，首先保护的应该是实际被害人，然后才是潜在的被害人。"在刑事诉讼中不再仅仅是涉及作案人的人权，而且，最根本、最重要的是涉及受害人的人权。"[2]

我国的刑事司法中，公诉案件采取围绕犯罪人展开侦查、公诉、审判等程序模式，自诉案件直接进入审判程序。整个刑事案件处理过程中，犯罪人享有国家刑事立法规定的诉讼权利和其他各种权益保障，比如犯罪嫌疑人、被告人可以聘请律师为其作无罪、罪轻或减轻、免除刑事责任的辩护。即使在刑罚执行阶段，罪犯仍可以获得监外执行、减刑、假释、释放后的安置和救济等处遇。

《监狱法》第 37 条规定，"对刑满释放人员，当地人民政府帮助其安置生活。刑满释放人员丧失劳动能力又无法定赡养人、扶养人和基本生活来源的，由当地人民政府予以救济。"对刑满释放人员的保障早已上升到了国家立法层面。并且，从国家到地方都设置了专门机构，对刑满释放人员的安置帮教工作进行了全覆盖。司法部基层工作指导司就有指导、监督刑满释放人员帮教安置工作的职能。各省级司法局都设有安置帮教工作管理机构。通过对刑满释放人员多种渠道的引导、扶助、救济等安置帮教，使他们生活有出路，就业有门路，预防和减少重新违法

---

① 李伟：《犯罪学的基本范畴》，北京大学出版社，2004，第 181～182 页。
② 〔德〕汉斯·约阿希姆·施奈德：《犯罪学》，吴鑫涛、马君玉译，中国人民公安大学出版社，1990，第 816 页。

犯罪，维护社会稳定。

相对于犯罪人而言，被害人往往更是弱势群体，需要更多的保护。然而，目前无论是立法上还是司法实践中，对被害人权利保护都没有达到应有的高度。

有权利必有保护，有侵害必有救济。被害人的保护主要是司法保护、国家救助与社会救助等方面。

（一）被害人司法保护

被害人司法保护主要体现在刑事司法保护与法律援助方面。

1. 我国刑事被害人权利保护立法现状

我国的现行法律，对被害人的保护主要体现在以下几个方面。

（1）被害人具有获得经济损失赔偿权、民事赔偿优先权。

根据我国《刑法》有关规定，由于犯罪行为而使被害人遭受经济损失的，对犯罪分子除依法给予刑事处罚外，并应根据情况判处赔偿经济损失。承担民事赔偿责任的犯罪分子，同时被判处罚金，其财产不足以全部支付的，或者被判处没收财产的，应当先承担对被害人的民事赔偿责任。

"由于犯罪行为而使被害人遭受经济损失"，既包括由犯罪行为直接造成被害人物质损失的，如损坏财物、盗窃、诈骗等直接侵害财产的犯罪行为，也包括由犯罪行为的侵害间接造成被害人经济上的损失，如伤害行为，不仅使被害人身体健康受到损害，而且使被害人遭受支出医疗费用等经济损失。在刑事案件中，判处财产刑同时承担民事赔偿责任的，执行时采用民事优先的原则，以加强对被害人合法权利的保护。[1] 对于追缴和退赔的犯罪分子违法所得的，如果是属于被害人的合法财物，应当及时返还。对于被害人的合法财产被损坏或者已经不存在的，应当折价退赔。

（2）被害人具有当事人的诉讼主体地位。

我国1979年颁布的《刑事诉讼法》，仅将当事人作为"诉讼参与人"对待，而没有承认被害人的当事人资格。1996年第一次修正的《刑事诉讼法》，正式将被害人纳入当事人范畴，从而使被害人具有了当事人的诉讼主体地位，加强了对被害人权益的保护力度。

---

① 朗胜主编《中华人民共和国刑法释义》（第六版），法律出版社，2015，第35页。

被害人由于被告人的犯罪行为而遭受物质损失的，在刑事诉讼过程中，有权提起附带民事诉讼。被害人死亡或者丧失行为能力的，被害人的法定代理人、近亲属有权提起附带民事诉讼。

2. 我国刑事被害人权利司法保护存在的问题及完善

我国《刑法》、《刑事诉讼法》虽然规定了被害人具有获得经济损失赔偿权、当事人诉讼主体地位等权利，但是，在司法实践中，被害人的权利往往被边缘化，需要逐步加以完善。

（1）刑事庭审上被害人席位弱化。

刑事案件在法院开庭审理时，法庭上设有法官席、公诉人席、被告人席、辩护人席与旁听席，却没有设置被害人席，被害人成了"被遗忘的人"。如果有被害人参加庭审，一般是坐在旁听席上。只有刑事附带民事公诉案件开庭时，被害人或其法定代理人、近亲属以附带民事原告人的身份坐在公诉人席旁边参加庭审，而没有正式席位。在刑事自诉案件中，因为没有公诉人，被害人才得以坐在自诉人席上。被害人席位的弱化可以反映出其诉讼地位的边缘化。

被害人在庭审中的席位模式不只是一个形式问题，而是可以直观地反映出控、辩、审等诉讼主体在刑事司法过程中的法律地位和相互关系。刑事法庭应该为被害人设置应有的席位。

（2）刑事司法过程中，对被害人意见重视程度不够。

从委托诉讼参与人介入时间上看，犯罪嫌疑人自被侦查机关第一次讯问或者采取强制措施之日起，有权委托律师作为辩护人。而公诉案件的被害人及其法定代理人或者近亲属，附带民事诉讼的当事人及其法定代理人，自案件移送审查起诉之日起，才有权委托诉讼代理人。也就是说，犯罪嫌疑人在侦查阶段即可委托律师为其提供法律帮助，而被害人只能在公诉阶段才可以委托诉讼代理人，被害人委托诉讼参与人的时间整整比犯罪嫌疑人晚了一个阶段。

刑事司法实践中，在侦查阶段，被害人主要是配合侦查机关的询问、人身检查等。在公诉阶段，公诉机关并不重视被害人对案件的意见。在审理阶段，被害人仅仅是可以就起诉书指控的犯罪进行陈述，被害人、附带民事诉讼的原告人经审判长许可，可以向被告人发问。但是，法庭辩论环节，是在法庭主持下的控辩双方之间进行，被害人没有机会参与辩论，也就无法向法庭发表对案件的处理意见，比如量刑建议等，也就难以充分维护自身的合法权益。

公诉案件，刑事裁判文书首部只列公诉机关、被告人、辩护人等主体，而不列被害人，只是在正文才提及被害人。自诉案件，因为没有公诉机关的介入，刑事裁判文书首部才列出自诉人或自诉人暨附带民事诉讼原告人作为诉讼主体。即使在裁判文书正文，被害人也只是在法院"经审理查明"的事实部分中，从"被害人陈述"角度，发挥着证人证言的作用。

虽然法律规定被害人的诉讼地位为当事人，但实际上相当于证人，被害人陈述是证据的一种。司法机关更为关注被害人的证人作用，而忽略被害人的权益保护。并不是说有了侦查机关、公诉机关、审判机关，就可以实现被害人权利的保护，刑事司法机关作为公权力的代表，其刑事司法活动与被害人的权利诉求是有一定差距的。被害人介入刑事司法程序的力度应该进一步加强，被害人的当事人诉讼地位有待进一步提高。

（3）刑事附带民事诉讼范围缩小。

我国《刑法》第36条规定，由于犯罪行为而使被害人遭受经济损失的，对犯罪分子除依法给予刑事处罚外，并应根据情况判处赔偿经济损失。然而，我国《刑事诉讼法》第99条却规定，被害人由于被告人的犯罪行为而遭受物质损失的，在刑事诉讼过程中，有权提起附带民事诉讼。在刑事诉讼上，刑事附带民事诉讼，仅仅针对物质损害，而不是财产损失或经济损失。无形中缩小了被害人的救济途径。虽然，被害人可以在刑事诉讼程序之外，另行提起民事诉讼索赔，却要承担相应的诉讼费。而民事附带刑事诉讼案件是不收取诉讼费的。并且，犯罪人如果是被收监执行，应诉也不方便。在犯罪人的刑罚生效后，其对被害人的赔偿积极性会大打折扣，甚至是不以为然。他们会抱着一种消极的态度对待被害人的索赔。

（4）被害人没有上诉权，而抗诉请求权实现困难。

《刑事诉讼法》第218条规定，被害人及其法定代理人不服地方各级人民法院第一审的判决的，自收到判决书后五日以内，有权请求人民检察院提出抗诉。在刑事诉讼中，被告人享有上诉权，而被害人仅具有抗诉请求权且常常不能实现。被害人没有上诉权就不能直接启动二审程序。显然，同样作为当事人，被害人与被告人的权利是不对等的，是失衡的。被害人作为当事人的诉权是不完整的。所以，应该赋予被害人上诉权。

（5）被害人获得赔偿困难。

多年来，刑事案件赔偿难一直是我国司法实践中的难题。尽管刑事附带民事诉讼案件数量逐年上升，但是出于罪犯不具备赔偿能力或者案件长期无法侦破等原因，实际上获得赔偿的刑事被害人只是少数，大量刑事附带民事诉讼案件成为"空头判决"，被害人求偿不能，求助无路，其合法权益无法得到保障。① 据统计，约有80％的刑事被害人无法从被告人处获得赔偿。且被害人应获得的赔偿额与实际赔偿结果也相差很大。在众多无法获得赔偿或赔偿不足的被害人家庭中，不乏因遭遇犯罪行为而自身或家庭陷入贫困、基本生活无法维持的情况。所以，应当有国家救助和社会救助等救济途径，帮助被害人渡过难关。

3. 法律援助

2000年4月，最高人民检察院、司法部发布《关于在刑事诉讼活动中开展法律援助工作的联合通知》。通知规定，人民检察院办理审查起诉案件，自收到移送审查起诉的案件材料之日起三日内，在根据《刑事诉讼法》的规定告知被害人及其法定代理人或者其近亲属、附带民事诉讼的当事人及其法定代理人有关诉讼权利的同时，应当告知其如因经济困难无力委托诉讼代理人的，可以向当地法律援助机构申请法律援助。

2003年7月，国务院颁布了《法律援助条例》。该条例规定，刑事诉讼中，公诉案件中的被害人及其法定代理人或者近亲属，自案件移送审查起诉之日起，自诉案件的自诉人及其法定代理人，自案件被人民法院受理之日起，因经济困难没有委托诉讼代理人的，公民可以向法律援助机构申请法律援助。

在2018年9月十三届全国人大常委会发布的立法规划中，《法律援助法》已经被列入第二类项目，需要抓紧工作、条件成熟时提请审议。

---

① 《监狱法》第72条规定，"监狱对参加劳动的罪犯，应当按照有关规定给予报酬并执行国家有关劳动保护的规定。"那么，可以考虑提取罪犯在狱中一定比例的劳动报酬，作为给予被害人的经济损失赔偿。

（二）被害人国家救助

1. 司法救助

我国的被害人司法救助工作起步较晚，近年来一些地方在司法实践上开始对刑事被害人进行一定经济救助。国家有关部门也陆续出台了一些规范性文件，积极推动了刑事被害人司法救助制度的建立和完善。

2009 年 5 月，江苏省无锡市人大常委会颁布《无锡市刑事被害人特困救助条例》，这是第一个刑事被害人救助地方性法规。2009 年 11 月，宁夏回族自治区人大常委会颁布《宁夏回族自治区刑事被害人困难救助条例》，该条例是首个刑事被害人救助省级地方性法规。2012 年 6 月，包头市人大常委会颁布地方性法规《包头市刑事被害人困难救助条例》。

2010 年 7 月，国务院颁布《自然灾害救助条例》，自然灾害救助制度得以建立。2014 年 2 月，国务院颁布的《社会救助暂行办法》进一步明确，国家建立健全自然灾害救助制度，对基本生活受到自然灾害严重影响的人员，提供生活救助。在自然灾害面前，受灾人员是无辜的，应当给予救助。然而，犯罪可以说是一种社会灾害，被害人多数是无辜的，也应该建立刑事被害人救助制度。

刑事被害人救助工作作为一项制度安排，在地方立法和司法实践基础上，在条件具备时可以上升到国家立法层面。早在 2013 年 10 月十二届全国人大常委会立法规划中，《刑事被害人救助法》就已被列入，然而在 2018 年 9 月十三届全国人大常委会立法规划中却不再提及了。

2015 年 12 月，中央政法委、财政部、最高人民法院、最高人民检察院、公安部、司法部联合颁布了《关于建立完善国家司法救助制度的意见（试行）》。国家司法救助是对遭受犯罪侵害或民事侵权，无法通过诉讼获得有效赔偿的当事人采取的辅助性救济措施。

尽管刑事被害人国家救助制度的实施取得了一定效果，但是还应该在以下几个方面进一步完善该项制度，从而更好地保护刑事被害人的合法权益。

一是，设立刑事被害人救助基金。

国际上，联合国《为罪行和滥用权力行为受害者取得公理的基本原则宣言》第 13 条规定，"应鼓励设立、加强和扩大向受害者提供补偿的国家基金的做法。"

在国内，2003 年 10 月，全国人大常委会颁布的《道路交通安全法》规定，设立道路交通事故社会救助基金。2006 年 3 月，国务院颁布的《机动车交通事故责任强制保险条例》对道路交通事故社会救助基金的使用范围、基金来源作出规定。2009 年 9 月，财政部、保监会等部门联合颁布《道路交通事故社会救助基金管理试行办法》，对救助基金筹集、垫付费用、基金管理等具体事项进一步细化。

除了交通意外事故，道路交通事故一般是因一方、两方或者两方以上当事人的过错所导致。违反交通运输管理法规因而发生重大事故的构成犯罪。对道路交通事故受害人的救助属于对特定人员的救助，但是可以被推广借鉴到刑事被害人救助措施中。

从有利于社会救助基金的筹集、使用和管理角度讲，今后应该统一设立社会专项基金，即刑事被害人救助基金。救助基金实行统一政策、地方筹集、分级管理、分工负责。省级人民政府应当设立刑事被害人救助基金。

二是，建立刑事被害人援助组织。

长期以来，犯罪被害人因缺乏系统化、制度化设计，保护措施不足，得不到应有的尊重与周全的照顾，衍生的社会问题层出不穷。这一社会问题早已引起世界各国各地区的重视，被害人援助组织在这个社会背景下逐步建立起来。

2010 年 1 月，全国性公募基金会中华少年儿童慈善救助基金会经民政部批准成立，旨在对困难少年儿童实施生存、医疗、心理、技能和成长救助。少年儿童刑事被害人符合申请条件的，可以向该基金会申请救助。

我国内地目前尚未建立刑事被害人援助组织。今后，在政府有关部门牵头推动、社会力量积极参与下，应该尽快在全国和地方建立刑事被害人援助组织。可以先建立针对某一类型刑事被害人的援助组织，比如性侵害被害人援助组织、未成年人被害人援助组织等。条件成熟时建立针对各种类型刑事被害人的援助组织。

2. 社会救助

国家司法救助设立的定位是救急，法院、检察院发放的救助金数量非常有限，对于受助者而言，只能暂时缓解困难。① 要从根本上、长期地改善被害人的困难状态，需要各有关部门的协作以及整个社会保障体系的健全和完善。被害救助申请人接受国家司法救助后仍然生活困难的，有关部门依法应予社会救助。

2014 年 2 月，为了加强社会救助、保障公民的基本生活、促进社会公平、维护社会和谐稳定，国务院颁布了《社会救助暂行办法》。民政部专门设置了社会救助司，主要职责是开展城乡居民最低生活保障、特困救助、医疗救助、临时救助等。另外，有关部门负责开展就业、教育、住房等方面的救助。刑事被害人如果符合这几类救助条件，可以通过申请获得相应救助，通过长效社会保障机制帮助他们。

刑事被害人作为受犯罪行为侵害的特殊主体，除了通过加害人赔偿、国家救助和社会救助等方式实现救济外，其作为一般主体，在符合特定条件下也可以通过养老、医疗、工伤等社会保险和各种形式的社会援助实现救济。

一方有难、八方支援是中华民族的传统美德，犯罪被害人所遭受的也是一种灾难，社会力量可以通过捐赠、设立帮扶项目、创办服务机构、提供志愿服务等方式，参与犯罪被害人社会救助。

3. 被害人国家赔偿

1994 年 5 月，全国人大常委会颁布的《国家赔偿法》规定了刑事赔偿和行政赔偿两种国家赔偿类型。国家机关和国家机关工作人员行使职权，侵犯公民、法人和其他组织合法权益的情形，造成损害的，受害人有依法取得国家赔偿的权利。尤其是在以下情形中，对有故意或者重大过失的责任人员，如果构成犯罪，则责任人员成为犯罪人，受害人也就成为犯罪被害人，有权获得国家赔偿。

行使侦查、检察、审判职权的机关以及看守所、监狱管理机关及其

---

① 《中山市国家司法救助金使用管理办法》规定，最高可给予被侵权人或其近亲属等受助对象 9 万元以解决基本生活和医疗困难。

工作人员在行使职权时有下列侵犯人身权情形的：刑讯逼供或者以殴打、虐待等行为或者唆使、放纵他人以殴打、虐待等行为造成公民身体伤害或者死亡的；违法使用武器、警械造成公民身体伤害或者死亡的；等等。

行政机关及其工作人员在行使行政职权时有下列侵犯人身权情形的：以殴打、虐待等行为或者唆使、放纵他人以殴打、虐待等行为造成公民身体伤害或者死亡的；违法使用武器、警械造成公民身体伤害或者死亡的；造成公民身体伤害或者死亡的其他违法行为；等等。

目前，我国的被害人国家赔偿不具有普遍适用意义，仅针对某一类被害人。

第四节　其他学科

一　犯罪生物学①

犯罪生物学，是指运用生物学的理论与研究方法，对犯罪的生物现象、原因与对策进行研究而形成的犯罪生物理论与实践的知识体系。②

人首先是生物的人，然后才是社会的人。人从生命之始便具有生物学特征，随着生长发育，经过学习和工作等历程，才逐渐变成社会人。在犯罪学理论体系的构建上，探究犯罪行为产生的原因，最初是从生物学角度展开研究，然后才过渡到以社会学为研究视角。

19 世纪中后期，被誉为"现代犯罪学之父"的意大利精神病学家切萨雷·龙勃罗梭（Cesare Lombroso，1835～1909，下称龙氏），首开运用人类学观点论证犯罪原因之先河，创立了犯罪人类学理论，也即早期的犯罪生物学理论，是犯罪学的第一个系统的实证理论。

龙氏于 1858 年获得医学博士学位，担任过军医、狱医、大学教授、精神病院院长等职务。他经历丰富，勤奋钻研，创作了大量传世著作。

---

① 刘可道：《"天生犯罪人"：关于犯罪的生物学观察》，《中国社会科学报》2012 年 5 月 14 日。

② 张小虎：《当代中国社会结构与犯罪》，群众出版社，2009，第 35 页。

龙氏的犯罪人类学理论集中体现在他的代表作《犯罪人论》中。龙氏对士兵的文身等身体外貌做过观察研究，在监狱收集了犯人的大量人类学资料，对死刑犯人的尸体做过解剖研究，对精神病人做过人体测量研究。经过一系列实证研究后，龙氏提出了天生犯罪人学说，提出了遗传与犯罪有关系。早期犯罪生物学派强调生物因素对犯罪具有直接的决定作用。

进入 20 世纪以来，在犯罪人类学理论基础上，产生了现代犯罪生物学理论。具有生物学、医学背景知识的犯罪学学者展开了一系列深入研究，不断修正、发展了龙氏的理论，探讨了年龄与犯罪、性别与犯罪的关系问题。

（一）遗传因素与犯罪的关系

龙氏认为，天生犯罪人有异于常人的身体特征，具有退化痕迹和隔代遗传的返祖现象，是文明时代的野蛮人、原始人。犯罪是天生的，犯罪人从出生时起就有犯罪性，生物因素对犯罪的产生具有决定作用。龙氏的犯罪学说一经提出，就引发了学术界的激烈争论和强烈反驳。随后，学者们展开了孪生子、犯罪家庭、养子女、染色体等方面的实证研究，基本结论是，犯罪具有遗传性，但遗传程度大大降低，甚至不再坚持犯罪的生物决定论。此外，学者们也通过观察和统计分析，对体型与犯罪关系展开研究。学者们区分了几种典型的体型：瘦长性或无力型、健壮型或运动员型、肥胖型及发育不全型。不同体型的人，在开始犯罪的时间、进行的犯罪类型和是否再犯等问题上具有不同的特征。成语中的"贼眉鼠眼"、"凶神恶煞"，从某种程度上表明了犯罪行为人的体型特征。反之，我们通常用"慈眉善目"来形容好人。研究犯罪人的体态特征对开展刑事侦查工作具有一定作用。

（二）年龄因素与犯罪的关系

人的年龄可以划分为生理年龄和心理年龄，犯罪学上的年龄一般指的是生理年龄。年龄因素对犯罪的发生有重要影响。人的年龄阶段可以分为青少年、中青年和老年。青少年时期一般指 14～25 岁的年龄段。中青年期一般指 25～60 岁，老年期一般指 60 岁以上。青少年正处于身体发育和成长阶段，认识能力低，具有好奇心和模仿性，容易冲动，感情用事倾向明显，争强好胜，逆反心理强，自制力差。老年人对情绪的自我控制力强于其他年龄的人群，面对各种冲突会更加理智。老年人的体力下降，必然会大大减少暴力犯罪倾向。老年人犯罪具有智力性、间接性和隐蔽性等特点。

从犯罪率上看，三大年龄段的犯罪率和犯罪数量呈金字塔状分布。青少年犯罪在犯罪总量中占有的比例最大，居于金字塔的塔基。老年犯罪的发生率最低，处于金字塔的塔顶。20 世纪 80 年代初期，我国的青少年犯罪问题就成为突出的社会问题。1985 年上映的电影《少年犯》以纪实手法再现了少年犯罪生活史。1984 年 11 月上海市长宁区人民法院创建了我国第一个少年法庭。

从犯罪类型和犯罪手段上看，由于青少年比老年人更有体力，所以实施暴力犯罪的概率也就更多。青少年犯罪主要涉及抢劫、伤害、强奸、盗窃等类型。犯罪中老年人因身体素质的关系，一般不会采取暴力手段实行犯罪，而是利用被害人缺乏反抗能力以及人们对老年人的同情心实施犯罪，比如选择老幼病残妇等弱势人群。犯罪老年人多实施诈骗、教唆、猥亵和奸淫幼女等财产犯罪与性犯罪。职务犯罪中的"59 岁现象"是复杂的，既有心理因素，又有制度因素。而中青年犯罪的类型广泛，几乎涵盖了各种犯罪类型，其中利用职权实施的经济犯罪，如贪污、贿赂等犯罪类型是该年龄段人群所特有的。

另外，初犯年龄与再犯率的关系密切。有关调查数据显示，初次犯罪的年龄越低，再次犯罪的可能性与危险性就越大。

鉴于青少年犯罪的高发性，1999 年 6 月 28 日，我国颁布了第一部犯罪法——《预防未成年人犯罪法》。预防未成年人犯罪，立足于教育和保护，从小抓起，对未成年人的不良行为及时进行预防和矫治。

（三）性别因素与犯罪的关系

性别是人的自然属性，也是一种生理现象。男女两性的先天素质和后天生活环境有很大差异，从而导致犯罪行为的性别差异，表现在犯罪率、犯罪类型和犯罪方式等方面。

在犯罪率（crime rate）方面，世界各国的统计表明，女性犯罪数量大大低于男性犯罪。目前，西方主要发达国家的女性犯罪率大致为 15% ~

25%。我国的女性犯罪率低于西方国家，约为10%，高的年份会达到15%。一方面，女性体力较弱，尤其是一些需要一定体力才能进行的犯罪行为，女性实施起来比较困难。另一方面，女性性格温顺，胆量较小，较少与人发生直接冲突。再有就是"男主内、女主内"的社会角色定位，使得女性往往以家庭为中心，社会活动相对较少，从而减少了犯罪机会。在犯罪类型方面，大部分犯罪种类中，女性都比男性少得多。女性在犯罪类型的选择上，倾向于风险不大、所需体力较小的犯罪，比如商场盗窃、拐卖人口、轻伤害、虐待、弃婴、诈骗、窝赃等。在犯罪方式方面，女性犯罪具有非暴力性、辅助性、被动性和间接性等特征。女性犯罪的侵害对象以亲友等熟人居多。

（四）精神障碍与犯罪的关系

根据2012年10月26日颁布的《精神卫生法》①（自2013年5月1日起施行），精神障碍，是指由各种原因引起的感知、情感和思维等精神活动的紊乱或者异常，导致患者明显的心理痛苦或者社会适应等功能损害。严重精神障碍，是指疾病症状严重，导致患者社会适应等功能严重损害、对自身健康状况或者客观现实不能完整认识，或者不能处理自身事务的精神障碍。精神障碍是异常生物学因素，是产生行为异常的重要原因，其常见类型有精神分裂症、狂躁症、抑郁症、偏执性精神病、癫痫、反应性精神病等。具有该类症状的人群，由于大脑活动发生障碍，无法分辨客观事物，也不能控制自己的行为，往往发生伤害自身或者危害他人安全行为。精神障碍者发作时，可预见性不明显，没有明确动机，具有突发性。在特定的精神障碍与犯罪关系中，精神分裂症最为常见。精神分裂症是精神疾病的一种类型，在普通人群中，患病率大约仅有1%。这种疾病产生的部分症状，尤其是错觉和幻觉，可能导致暴力犯罪。②

精神障碍人群由于危害社会的无意识性，在法律责任承担上具有特殊

---

① 在1991年，尼泊尔提交了第一份关于"世界精神卫生日"活动的报告，这一报告受到了国际社会的重视。1992年，由世界精神病学协会发起、由世界卫生组织确定，把每年的10月10日定为"世界精神卫生日"，以提高公众对精神疾病的认识，分享科学有效的疾病知识，消除公众的偏见。

② 〔美〕卡塞尔、伯恩斯坦：《犯罪行为与心理》（第二版），马皑、户雅琦主译，中国政法大学出版社，2015，第169页。

性。我国刑法规定，精神病人在不能辨认或者不能控制自己行为的时候造成危害结果，经法定程序鉴定确认的，不负刑事责任，但是应当责令他（她）的家属或者监护人严加看管和医疗；在必要的时候，由政府强制医疗。间歇性的精神病人在精神正常的时候犯罪，应当负刑事责任。尚未完全丧失辨认或者控制自己行为能力的精神病人犯罪的，应当负刑事责任，但是可以从轻或者减轻处罚。

卫生部调查显示，精神疾病在我国疾病总负担中排名居首位，约占疾病总负担的 20%，有严重精神障碍患者约 1600 万人。精神障碍患者肇事肇祸事件时有发生。

人具有生物性，更具有社会性。犯罪学一百余年发展史表明，生物因素在犯罪中所起的作用是间接的、局部的和有限的，属于相关因素，对犯罪起决定作用的是社会环境因素。战国末期著名思想家荀子曾言，"蓬生麻中，不扶自直；白沙在涅，与之俱黑"，说的就是这个道理。因此，早期的犯罪生物因素决定论的观点是片面的。

二　犯罪统计学[①]

犯罪预防离不开犯罪预测，犯罪预测离不开犯罪测量，犯罪测量离不开犯罪统计。要获得犯罪数据需要对犯罪进行统计才行。犯罪统计具有重要作用。一是，有利于把握犯罪在社会上的分布，测量犯罪状况；二是，可以预测犯罪动向与发展趋势；三是，可以分析犯罪原因；四是，也有利于加深对犯罪学理论的认识。

1827 年，法国公布了第一份全国范围的犯罪统计数据的报告。[②] 1930 年，美国联邦调查局（FBI）首次公布统一犯罪报告（The Uniform Crime Report，UCR），其后延续至今。UCR 内容包括每年度的犯罪总数、每 10 万人的犯罪率、不同地区的犯罪状况、犯罪性质及人员情况、犯罪逮捕

---

① 刘可道：《大数据时代的犯罪治理：犯罪统计与数据开放》，载张凌、郭彦主编《大数据时代下的犯罪防控——中国犯罪学学会年会论文集（2017 年）》，中国检察出版社，2017。

② 〔英〕科尔曼等：《解读犯罪统计数据：揭示犯罪暗数》，靳高风等译，中国人民公安大学出版社，2009，第 5 页。

率、执法人员情况等。UCR 是美国的一个主要的犯罪数据来源，在全美乃至全世界有着相当的影响。[1]

犯罪统计学派代表人物阿道夫·凯特勒[2]与法国的盖里（又译作格雷），运用统计学的方法从社会环境方面探索犯罪原因，通过犯罪人之间年龄、性别等方面的差别寻找犯罪原因及其他规律。[3] 犯罪与气候、贫困、教育、酒精消耗等社会因素都有关系。

随着犯罪统计研究的逐步发展，产生了一门新的犯罪学的分支学科——犯罪统计学（criminal statistics）。犯罪统计学，也称为统计犯罪学，是从犯罪学和统计学中分化出来的学科，既有犯罪学的特点，又有统计学的特点，是发展中的交叉学科。犯罪统计学对犯罪预防研究的开展具有重要的指导意义。"犯罪统计学是指通过各种统计资料来测量犯罪的严重程度和变化趋势。它主要研究犯罪的数量、种类、犯罪人以及犯罪的时间、地点等等。犯罪学家们通过对这些问题的研究，为社会提供更加可靠的预防措施。"[4] 犯罪统计学也体现为犯罪学的一种研究方法。

没有调查就没有发言权。犯罪统计离不开犯罪调查（Criminal Investigation）。在国内，高树桥、李从珠于 1986 年出版著作《犯罪调查及其统计方法》。该书分为上下两篇，分别是犯罪调查概论与犯罪调查资料的统计分析。犯罪调查的种类，依调查特点分为学术性犯罪调查与工作性犯罪调查，依调查资料来源分为直接调查与间接调查，依调查内容分为案件调查、犯罪人调查与犯罪损失调查，依调查内容分为静态调查与动态调查，依调查方法分普遍调查、抽样调查与个案调查（个案研究），依调查任务分为描述性调查与解释性调查。[5]

---

[1] 康树华、张小虎主编《犯罪学》（第四版），北京大学出版社，2016，第 77 页。
[2] 阿道夫·凯特勒（Adolphe Quetelet, 1796～1874），比利时数学家、统计学家、天文学家、社会学家，近代统计学之父，1819 年获得数学博士学位，是犯罪学制图学派（the cartographic school of criminology）和犯罪学实证学派（the positive school of criminology）的开创者之一。
[3] 吴宗宪：《西方犯罪学史》（第二版，第一卷），中国人民公安大学出版社，2010，第 241 页。
[4] 郭建安：《美国犯罪学的几个基本问题》，中国人民公安大学出版社，1992，第 5 页。
[5] 高树桥、李从珠著《犯罪调查及其统计方法》，群众出版社，1986，第 6～9 页。

（一）犯罪统计来源

对我国的犯罪数据主要来源于官方与民间两大方面。官方统计数据主要出自公安机关、检察院、法院等。民间统计数据主要来自研究机构。

1. 官方犯罪统计

我国的犯罪数据官方统计环节是从公安机关开始的。公安机关一般设置刑事犯罪侦查与经济犯罪侦查部门。与侦破刑事犯罪联系最为密切的这两个部门，还承担着掌握犯罪动态、研究并组织实施预防打击犯罪的对策等方面的任务。犯罪侦查部门对犯罪动态的把握与犯罪对策的实施是建立在实际发案基础之上的。实际发案数由两部分组成，即犯罪侦查部门自行侦查获取与群众报案获取。

对我国的犯罪统计目前没有形成制度加以规范，而是由司法机关自行掌握。

公安机关的犯罪统计，常见的公开媒介是《中国法律年鉴》。该年鉴于 1987 年创始。在"统计资料"栏目中，列有全国公安机关立案的刑事案件统计表，并根据年份及犯罪类型分类。盗窃犯罪在历年的犯罪类型中都是数量最大的。[①] 地方公安年鉴稍稍详细点。比如《武汉公安年鉴》的刑事案件统计表里，把几类主要案件依立案、发案[②]地域（城区、郊区、乡镇等）、破案、直接受害人（分死亡、受伤等情况）等类别加以划分。[③]

检察机关、审判机关的犯罪统计主要来源于《中国法律年鉴》、《中国检察年鉴》与最高人民法院、最高人民检察院的年度工作报告。《中国检察年鉴》自从 1988 年创始，公开出版至今。在"统计资料"栏目中，与犯罪统计有关的类别是，人民检察院年度立案侦查职务犯罪案件、提起公诉案件、刑事抗诉案件、刑事申诉案件等。[④] 在《中国法律年鉴》"统计资料"栏目中，列有全国法院审理刑事一审案件情况统计（以类罪名

---

① 《中国法律年鉴》编辑部：《2006 年全国公安机关刑事案件分类统计表》，载《中国法律年鉴社》，2007 年，第 1072 页。

② 发案比立案含义更为广泛，发案是全部发生的案件，包括列入立案统计的和未能列入立案统计的。

③ 《武汉公安年鉴》编辑部：《武汉公安年鉴（2012）》，武汉出版社，2012，第 374～375 页。

④ 最高人民检察院《中国检察年鉴》编辑部：《中国检察年鉴（2012）》，中国检察出版社，2013，第 546～550 页。

为指标,分为收案与结案两类)、全国法院审理青少年犯罪情况统计表(区分为不满 18 岁与 18～25 岁两个类别)等。[1]

"两高"年度工作报告以 2017 年为例。2016 年全国检察机关共提起公诉 1402463 人,全国各级法院审结一审刑事案件 111.6 万件。然而,由于司法统计口径不一致,对公诉人数与结案件数难以做准确比较;且也都过于宏观,难以对具体的犯罪预防起到应有的作用。

公检法的犯罪统计如同一个刑事司法漏斗(criminal justice funnel),公安机关的刑事立案是犯罪统计数量的漏斗底部,数量是最多的部分。到了检察机关,存在不起诉、撤案等情形,犯罪统计数量又少减少了一部分。[2] 在审判环节,存在无罪判决的情形,又减少了犯罪统计数量。但是,作为办理刑事案件排头兵的公安机关,其所做的犯罪统计从犯罪预防的角度讲,更具有对策价值。因为,公安机关行使侦查职能,更能"还原"犯罪嫌疑人的犯罪过程。而检察公诉与审判判刑,相当于给"病人"诊查、做外科手术,工作重心在于如何对被告人审查起诉、定罪量刑。

更具有参考价值的是本地化的犯罪统计数据,比如各省、市、区县的各种类型犯罪的季节、月份、每日时空分布,甚至可以细化到入室盗窃犯罪的楼层分布等等。但不宜公开作案手段,以防止叵测之人非法利用。

犯罪统计发布媒介的选择很重要。年鉴的时效性不强,还是在互联网上时时发布更为高效、便捷。有时候,我们是通过媒体对刑事案件的报道才获悉发生在自己身边的犯罪信息。但是,媒体刊发刑事案件是有选择性的,往往是那些典型的、有情节性的案件才被选中。在自媒体时代,公安机关也开设微信公众号,用来发布警情。我们只要关注该微信公众号,就能够随时随地获知自己生活、工作地周边的警情信息,从而做好有关防范。

2. 民间犯罪统计

官方对犯罪统计数据公开的积极性不足,民间犯罪统计就成了重要的弥补。民间犯罪统计源于学术研究。

---

[1]　《中国法律年鉴》编辑部:《2006 年全国法院审理刑事一审案件情况统计表》、《2006 年全国法院审理青少年犯罪情况统计表》,载《中国法律年鉴》2007 年,第 1065～1066 页。

[2]　当然,检察机关的犯罪统计中增加了自侦案件,但作为职务犯罪的自侦案件,在整个犯罪数量统计中所占的比重并不多。

民间犯罪统计的问题是，开展犯罪实证调查各种困难与阻力重重。做犯罪调查，需要花费大量的人力、物力和财力。缺乏经费支持是困扰犯罪实证调查的重要因素之一。即使通过艰辛努力获得了犯罪实证调查资料，所形成的调研报告也难以发表在被科研评价体系承认的高级别的刊物上。并且，学者想要从有关官方机构中获得犯罪统计的基础数据，是难上加难。有时候，学者们不得不通过师生、同学、朋友等各种私人关系勉强获得有限的犯罪数据资料。

（二）大数据时代的犯罪治理：犯罪统计与数据开放

大数据是继"互联网+"之后的又一重大技术应用领域，是最热门的科技术语之一。大数据时代，面对数字利维坦，要有大数据意识，要做到心中有"数"。在社会治安领域，大数据技术在犯罪预测与预防、刑事侦查等方面发挥着越来越大的作用。要想全面发挥大数据技术的作用，就不应该将大数据垄断在政府、司法部门手里，而要逐步开放数据，让社会公众也能够结合自身情况充分利用大数据加强犯罪被害预防。

以大数据为手段，通过提取人们行为的时空规律性和关联性，可以进行犯罪预测。例如，美国加利福尼亚州桑塔克鲁兹市使用犯罪预测系统，对可能出现犯罪的重点区域、重要时段进行预测，并安排巡警巡逻。在所预测的犯罪事件中，有三分之二真的发生。系统投入使用一年后，该市入室行窃减少了11%，偷车减少了8%，抓捕率上升了56%。[①] 在美国近60座城市中，警员们在执勤时会带着一份带有标记的地图，并根据图中绘制的区域巡逻。这些地图是一款警务预测软件，通过一套算法分析历史犯罪数据，然后计算出10~20个最有可能发生犯罪活动的地点。在使用这款软件的第一年，圣克鲁斯的入室盗窃犯罪率就下降了11%，抢劫犯罪率下降了27%。[②]

（三）数据垄断——大数据治理犯罪的障碍

在犯罪统计数据中，目前存在两方面的问题，即犯罪黑数与限制公开问题。

---

① 陈潭等：《大数据时代的国家治理》，中国社会科学出版社，2015，第159页。
② 编辑部：《大数据犯罪地图》，《21世纪商业评论》2015年第3期。

犯罪黑数（dark figure），又称犯罪暗数、犯罪隐案数、犯罪隐数，与犯罪明数相对称，"是指一个国家或地区一定时期（通常为1年）内，社会上已经发生，但由于诸种原因尚未被司法机关获知或者没有被纳入官方犯罪统计之中的刑事犯罪案件的总称。"① 犯罪黑数无法完全避免，但是不宜过多存在。过量的犯罪黑数既造成犯罪统计的失真，又给犯罪预防带来不利影响。研究机构所做的犯罪被害调查，从另外一个角度弥补犯罪黑数问题，同时也是官方犯罪统计的重要补充。

现实中，官方出于社会维稳以及其他方面的考虑，往往是不愿公开犯罪统计数据。以前是能不公开的就不公开，能少公开的就少公开，总之是尽量不公开。内部掌握的休眠数据是极大的浪费。"一些政府部门也以公共安全为由拒绝开放数据。这种与开放、连接、共享理念背道而驰的观念使得数据资源被各类机构垄断，不仅浪费了数据资源，而且会阻碍商业、社会治理、民生服务等领域创新的实现。"②

然而，在保障公民、法人和其他组织依法获取政府信息、提高政府工作的透明度、促进依法行政的社会背景下，为充分发挥政府信息对人民群众生产、生活和经济社会活动的服务作用，政府信息公开已经是时代发展的潮流。公安机关的犯罪统计数据是一种重要的政府信息，应该逐步向社会公布。

大数据即意味着大机遇、大价值，也意味着大考验、大挑战。现在有了大数据技术，公安机关更应该及时、全面公布犯罪统计数据。数据开放的最佳媒介是互联网。公安机关可以在官网上定期或不定期发布各种犯罪统计数据，方便社会各界人员随时检索、查阅、获取相关犯罪统计数据。

（四）数据开放——大数据治理犯罪的必要条件

大数据是技术，是思维，是工具。大数据时代（The Age of Big Data），个人行为被高度数字化，网上浏览记录、消费记录、通话记录足以勾画出个人的主要社会活动图像，并由此对个人行为特征进行分析。大数据在社会的各个领域中都无所不在，可以与N个产业"相加"，形成

---

① 康树华、王岱、冯树梁主编《犯罪学大辞书》，甘肃人民出版社，1995，第214页。
② 董伟、聂清凯：《大数据时代地方政府治理——以北京市朝阳区为例》，人民日报出版社，2016，第116页。

"大数据 +"。大数据是犯罪治理现代化的科技型技术。

在国外，2009 年 5 月，美国联邦政府宣布实施"开放政府计划"，与此同时，开通了美国政府数据网站（www. data. gov），只要不涉及隐私和国家安全的相关数据，均需全部在该网站公开发布。英国①、澳大利亚②、新西兰、加拿大、新加坡、韩国等国家，以及我国香港都开通了政府数据网站。③

大数据成为提升犯罪治理能力的新途径。大数据应用能够揭示传统技术方式难以展现的关联关系，推动司法数据开放共享，促进资源整合，将极大提升司法整体数据分析能力，为有效处理复杂的犯罪问题提供新的手段。大数据时代，应建立"用数据说话、用数据决策、用数据管理、用数据创新"的犯罪治理机制。

犯罪统计数据是司法数据的重要组成部分，可以在加快推动司法大数据开放共享的同时一并进行。在依法加强安全保障和隐私保护的前提下，应稳步推动司法数据资源开放。推动建立司法部门数据资源清单，加快建设国家司法数据统一开放平台，向社会开放。促进司法数据在风险可控原则下最大限度开放。形成司法数据资源合理适度开放共享的法规制度和政策体系。通过司法数据公开共享，引导科研机构、社会组织等主动采集并开放犯罪统计数据。

犯罪大数据开放，需要公安机关加大力度推行警务公开制度、建立健全警情公开制度。警情及时公开，让群众了解发案情况，做好防范，有助于提高自我保护能力。

各级公安机关应重点公开下列政府信息：一是，本地区社会治安形势，公安机关维护社会治安稳定的总体情况，阶段性社会治安状况；二是，对公众安全感有较大影响或社会普遍关注的重大案件侦破、查处情况，等等。这些内容可以概括为警情公开。警情公开是警务公开的内容之一。警务公开制度已经普遍实行十多年了，但是，警情公开制度尚未实现

---

① 英国政府数据网站：www. data. gov. uk。
② 澳大利亚政府数据网站：www. data. gov. au。
③ 金江军、郭英楼：《智慧城市：大数据、互联网时代的城市治理》，电子工业出版社，2016，第 101 ~ 105 页。

普遍公开。虽然，有的公安机关也会不定期发布一些案件的警情，比如发布国庆、春节期间的警情等，但比较分散。至于年度警情、月度警情更是偶尔为之，数量有限。有的公安机关在网站上发布"警情提示"，实际上提供的主要是如何应对违法犯罪的预防措施，并不是对已经发生的治安等案件的通报。

公安机关应健全警情公开制度，定期公布年度、季度、月度警情。多发性治安案件可以发布周报、日报。发布的主要内容应包括接处警量、发案率、治安与刑事案件类型及发案量的比率，发案时间与时段、空间及防范措施提示等。警情公开可以通过官网、微博、手机报、微信公众号、LED 滚动牌等方式进行。并可以考虑将警情分类管理。治安警情分三色标识预警。通过警情对比，警情减少为"良好"（绿色）、持平为"平稳"（黄色）、警情增加为"警示"（红色）。条件成熟时，可以推行"警情发言人"制度。

法院、检察院可以在官网上发布审判公开、检务公开的内容，方便人民群众上网查询刑事法律文书，了解有关犯罪案件的相关情况，做好犯罪预防。

三　犯罪地理学

孟德斯鸠男爵[1]在其 1748 年出版的经典著作《论法的精神》一书中指出，"北方气候下的人恶习少而美德多，非常真诚和坦率。一旦接近南方地区，你简直就以为远离了道德，强烈的情欲导致罪恶丛生，人人都竭尽全力攫取他人的好处，用以为情欲加薪添火。温暖地区的人风尚不定，恶习无常；这是因为那里的气候缺乏确定的性质，难以有固定的风尚和品德。"[2] 该论述尽管可能存在争议，给人一种偏颇的感觉，却体现了自然地理环境因素对犯罪的影响，可以看作犯罪地理学思想的启蒙。犯罪地理学的价值在于，既可以应用于司法实践中的犯罪侦查，又可以用于犯罪预防。

---

[1]　孟德斯鸠（1689~1755），法国启蒙思想家、律师，是一位百科全书式的学者，在学术上取得了巨大成就，曾任法国科学院院士、英国皇家学会会员等。

[2]　〔法〕孟德斯鸠：《论法的精神》，许明龙译，商务印书馆，2012，第 274 页。

犯罪地理学（Geography of crime or Criminal geography），是社会地理学的分支学科，从地理学角度研究犯罪现象的地域分布、空间差异、犯罪高发区的形成原因等，研究犯罪现象的空间发生、发展和分布规律，是地理学与犯罪学间的交叉学科，具有综合性与地域性特点。

1974 年，美国第一本犯罪地理学教科书出版。犯罪地理学关注的焦点问题是犯罪的地域因素和空间模式。城市犯罪的空间模式是城市犯罪现象发生、发展规律和地域分异规律的空间显现，集中反映了影响犯罪的各地域因素的内涵关系和总体效应，从本质上体现了城市犯罪的特征，也为预防犯罪提供了重要线索。①

20 世纪 70 年代之后，犯罪地理学的研究重点在于城市犯罪空间分布和居民区的空间犯罪防控。欧美国家针对各自的犯罪情况相继研发了相应的实用性策略、措施，并出台建设性意见，将其应用到城市规划中去。

而自 20 世纪 90 年代起，在传统犯罪地理学继续对城市空间环境与犯罪及其犯罪防控予以关注的同时，学界开始热烈地讨论关于犯罪、社会安全和安全政治的区域化问题，并划分出一个新的研究领域，即批判犯罪地理学。一方面，研究的焦点不再是犯罪者和犯罪行为本身，而是犯罪防御空间，各个城市、地区开始进行大量的犯罪统计调查，以便描述本地区犯罪空间、时间的特征，有效进行事前防范。另一方面，由于这种犯罪统计数据的描述，许多空间，比如一些公共场所和小区被定义为"犯罪化空间块"，生活在此空间块的群体常被视为不安全因素，对这些群体的歧视反而使得真正造成犯罪的社会问题被忽视或遗忘。批判犯罪地理学从西方马克思主义理论角度出发，特别是受到了福柯的"话语的权力"的影响，对社会控制和犯罪防控政策进行了重新思考和批判。

中国犯罪地理学研究起步较晚，研究犯罪与城市环境关系这一课题的学科主要分布在地理学、城市规划学、建筑学和犯罪学四个学科领域。城市规划学、地理学、建筑学多从空间环境的角度研究犯罪与环境关系问题，重点探讨城市中各种空间环境变量与犯罪行为之间的关系，尝试通过环境设计来预防犯罪；犯罪学领域的相关研究表明，物质形态

---

① 王发曾：《城市犯罪空间》，东南大学出版社，2012，第 79 页。

的空间环境对犯罪的影响正在成为犯罪学领域关注的一个焦点，通过空间环境的改善和设计来阻止和预防犯罪将成为依靠警力、管理等手段之外的必要补充。这一领域的研究成果主要集中在三个方面：城市犯罪空间分布；通过研究犯罪与空间环境关系，探寻城市犯罪规律；通过环境设计预防犯罪的相关对策研究。城市犯罪空间分布研究多采用地理学的研究方法，描述犯罪在空间中的分布状况，侧重于系统地分析犯罪的空间分布模式和犯罪生态环境，尝试寻找与犯罪相关的环境因素、社会经济因素、人口因素以及生态因素。而犯罪与空间环境关系研究领域则通过研究犯罪与空间环境关系，探寻城市犯罪规律，如为什么有些地区是高发区域，而有些地区却很少发生犯罪，犯罪行为究竟与城市空间环境存在什么样的关系等问题。①

犯罪地理学方面的基金项目比较有影响力的是以下两个。一个是，2007年河南大学王发曾教授申报的"我国城镇化进程中的城市犯罪空间盲区分析及其综合治理"，该项目获得国家自然科学基金立项和资助（2008～2010年），2011年4月项目结题，形成研究报告《城市犯罪空间盲区分析与综合治理》。另一个是，2014年浙江工业大学法学院单勇副教授申报的青年项目"基于犯罪热点制图的城市防卫空间研究"。2017年，单勇教授在法律出版社出版专著《城乡结合部的犯罪聚集规律与空间防控研究：基于地理信息系统的应用》。单勇教授提出，借助犯罪地图，得以探测犯罪热点，犯罪聚集性和热点稳定性等犯罪空间演化规律获得分域考察与专题探讨，犯罪与各种用地属性、房屋类型、人口密度、商业网点密度、城市设计、防控布局、社会结构等因素的空间相关性获得精密测量。地理信息系统与其他信息技术的集成使用极大促进了犯罪大数据的应用，针对犯罪热点、基于空间相关性、根植于数据治理的空间防控模式获得深入发展。在空间防控具体策略的推动下，城乡结合部的犯罪治理出现了从罪犯到地点、从平面到立体、从模糊到精准、从经验到智能、从被动应对处置向主动预测预警预防的深刻转变。

① 刘晓梅：《空间治理：犯罪地理学研究的新进展》，《中国社会科学报》2013年10月23日。

四　犯罪文化学

犯罪与文化的关系问题，很早就引起学者们的关注。对二者关系的研究，西方犯罪学产生了"文化冲突论"和"亚文化论"等很有影响的学说。文化冲突论形成于 20 世纪 30 年代的美国。该理论认为，在社会群体用以规范其成员行为的手段中，刑法具有重要地位，是主流文化行为规范的表现，犯罪则是与主流文化相冲突的下层群体、少数民族群体和移民群体文化的产物。

在国内，20 世纪 30 年代，著名犯罪学家严景耀教授在其博士学位论文《中国的犯罪问题与社会变迁的关系》中，写有专门一章"犯罪者的文化"。他认为，为了了解犯罪，必须了解犯罪发生的文化，犯罪不过是文化的一个侧面，并且因文化的变化而发生异变。[①]

1996 年，严励教授等出版我国第一本以犯罪文化学命名的学术专著——《犯罪文化学》。该书提出了犯罪文化学的概念，即"犯罪文化学是犯罪学的一个分支，是一门研究犯罪文化现象产生、发展、变化的客观规律的科学，也是一门从更深层次研究犯罪原因和犯罪预防的科学，是社会科学领域内新兴的边缘学科。"[②] 并且，该书对犯罪文化的主要范畴、特征、功能、历史发展、内容的历史转换、主体需求、社会传播、发展趋势等问题，以及犯罪文化与性犯罪、财产犯罪、暴力犯罪、女性犯罪等类型犯罪进行了阐述。

2006 年，李锡海教授出版了《文化与犯罪研究》（山东省社会科学规划项目成果）[③]。该书对文化与犯罪的关系进行了分层性的探讨，既探讨了文化与犯罪的基础理论，又揭示了各种文化存在形式对犯罪的影响，还阐发了各种亚文化形式对具体犯罪类型的作用，多侧面地揭示了文化与犯罪的关系。

2009 年，张荆教授出版了《现代社会的文化冲突与犯罪》[④]。该书阐

---

① 严景耀：《中国的犯罪问题与社会变迁的关系》，吴桢译，北京大学出版社，1986，第 2 页。
② 严励、崔晓芳、祝大安：《犯罪文化学》，中国人民公安大学出版社，1996，第 3 页。
③ 李锡海：《文化与犯罪研究》，中国人民公安大学出版社，2006。
④ 张荆：《现代社会的文化冲突与犯罪》，知识产权出版社，2009。

述不同的文化冲突形式与犯罪的关系，系统研究城市化过程中农村文化板块与城市文化板块碰撞与犯罪，移民过程中歧视性文化、一般规范文化冲突、法文化冲突与犯罪以及急剧社会变迁中规范文化的混沌状态与犯罪。

关于犯罪文化学的学科地位，有研究者认为，"有关犯罪的文化研究……，经历了在理论学说层面从混沌到分野、在研究方法层面从漫谈到专业、在学科价值层面从模糊到特定的发展历程，并逐步从犯罪社会学中剥离出来，嬗变为犯罪学中的独立分支学科。"[①]

除了少数学术专著外，时至今日没有犯罪文化学方面的教材出版。目前，犯罪文化学的学科发展仍不够成熟，研究队伍还很薄弱，研究成果不够丰富，没有形成有影响力的学科体系。有鉴于此，从实然角度讲，犯罪文化学的学科地位并没有获得教育部门的正式认可，尚处于理论探讨中，有待加强研究。

五　犯罪经济学

荷兰犯罪学家邦格于1905年出版的《经济与犯罪条件》一书，是犯罪经济学的开山之作。犯罪经济学对于犯罪与经济条件、经济发展水平、所有制、经济体制、犯罪人的经济目的等一系列问题的研究，丰富和发展了犯罪学理论体系，为理解犯罪人、犯罪行为提供了一种新的工具和方法，为如何更加科学、有效地治理犯罪现象提供了新的思路。[②] 在国内，宋浩波教授在其所著的《犯罪经济学》一书中，对犯罪市场，以及对犯罪者行为、犯罪对象"提供"者行为、犯罪市场和犯罪对象"提供"者相互关系、犯罪对策等问题做了经济分析。[③]

① 单勇、洪玲华：《犯罪文化学：犯罪学中的独立分支学科》，《当代法学》2011年第2期。
② 卢建平：《刑事政策与刑法》，中国人民公安大学出版社，2004，第279页。
③ 宋浩波：《犯罪经济学》，中国人民公安大学出版社，2002，目录第1~2页。

第四章　犯罪学的科学研究

第一节　研究机构

犯罪学研究机构与犯罪学教学机构共同构成发展犯罪学理论的两大基石。犯罪学研究机构的主要任务是，发挥犯罪学理论在实际工作中的作用，为政府、企业和社会组织提供智库建设服务，并在社会实践中发展犯罪学理论。我国犯罪学研究机构多由科研机构和高校设立，既有实体机构又有非实体机构。高校设立的犯罪学研究机构也同时承担教学任务，多与教学部门共用一套人马，只是两块牌子而已。

1980 年，中国社会科学院成立了青少年研究所，下设一个犯罪研究室，这是新中国成立后建立的第一个专门研究青少年犯罪问题的机构。由该室编辑出版的新中国第一种专门研究犯罪问题的学术刊物《青少年犯罪研究通讯》（后改为《青少年犯罪研究》）也于同年底问世。2011 年该内部刊物更名为《预防青少年犯罪研究》，并于 2012 年开始公开出版。1981 年，华东政法学院也专门成立了青少年犯罪研究室。[①]

1984 年 7 月，司法部成立了预防犯罪与劳动改造研究所，现更名为司法部预防犯罪研究所。该研究所是司法部直属的正局级科研事业单位，设有犯罪预防研究室、杂志社等 8 个处室。其中的犯罪预防研究室开展犯罪学研究，研究我国的社会犯罪包括犯罪原因、特点，国内外犯罪学热点问题，特别是青少年犯罪问题，比较研究世界主要国家的犯罪问题，研究

---

① 阴家宝主编《新中国犯罪学研究综述 1949～1995》，中国民主法制出版社，1997，第 11 页。

我国社会治安综合治理、预防和减少犯罪的对策。

中国政法大学成立了7个与犯罪研究有关的校级学术机构，另有二级学院设立的犯罪学研究机构。比较有特色的是2015年1月成立的中国政法大学犯罪大数据研究中心。研究中心致力于整合校内外的丰富资源，搭建一个由政府、科研机构以及企业共同组成的研究平台，加强犯罪大数据相关方面理论研究并推广应用研究成果。研究中心旨在打造中国犯罪大数据研究的学术理论以及实战技术方法和平台，成为我国犯罪大数据研究权威的专家库和咨询服务机构。

海南省预防犯罪研究所，系海南省司法厅直属机构，是经海南省编委批准组建的正处级机关法人，在编人员10人，主要工作职责是组织开展监狱、戒毒理论和实践问题的研究。具体工作任务为：负责组织开展罪犯、戒毒人员的管理与教育改造研究；监狱、戒毒法律、法规实施有关问题的研究；预防刑释人员重新犯罪、预防解除人员复吸等有关问题的研究；社会犯罪与预防问题的研究；建立科研网络，指导监狱、戒毒系统开展理论研究活动；承办司法厅领导和上级部门交办的其他事项。

相对于犯罪学教学机构而言，我国的犯罪学研究机构数量就更少了。高校的优势在于拥有学历、学位授予权，可以招到学生。我国大部分地方社科院都不具有招生权，整体科研发展以及人才引进都要受到一定影响。作为弱势学科的犯罪学，其处境可想而知。今后，犯罪学研究机构的发展趋势应当是在科研机构的法学、社会学、心理学、公安学等部门设置犯罪学研究室，具备一定条件的则可直接设立犯罪学研究所。

表4-1　犯罪学研究机构概览

序号	机构名称
1.	司法部预防犯罪研究所
2.	北京大学犯罪问题研究中心
3.	北京师范大学刑事法律科学研究院犯罪与矫正研究所
4.	北京师范大学刑事法律科学研究院犯罪与刑事政策研究所
5.	中国人民大学法学院犯罪与监狱学研究所
6.	中国人民大学刑事法律科学研究中心犯罪学研究所
7.	中国政法大学青少年犯罪与少年司法研究中心
8.	中国政法大学犯罪心理学研究中心

续表

序号	机构名称
9.	中国政法大学犯罪大数据研究中心
10.	中国政法大学恐怖主义与有组织犯罪研究中心
11.	中国政法大学预防职务犯罪研究中心
12.	中国政法大学犯罪与司法研究中心
13.	中国政法大学伪劣商品犯罪预防与控制研究中心
14.	中国政法大学刑事司法学院犯罪学研究所
15.	国家检察官学院职务犯罪研究所
16.	华东政法大学刑事司法学院青少年犯罪研究所
17.	上海政法学院城市与犯罪研究中心
18.	重庆市犯罪学研究所
19.	西南政法大学毒品犯罪与对策研究中心
20.	西南政法大学青少年犯罪研究所
21.	西南政法大学有组织犯罪研究中心
22.	四川省犯罪防控研究中心
23.	中南财经政法大学刑事司法学院犯罪预测与预防研究所
24.	南京大学犯罪预防与控制研究所
25.	湖南大学犯罪学研究所
26.	湘潭大学通程刑事法律研究中心犯罪学研究所
27.	海南大学犯罪学研究所
28.	香港大学犯罪学中心
29.	台北大学犯罪学研究所
30.	台湾中正大学犯罪研究中心
31.	台湾中正大学犯罪防治研究所
32.	华南师范大学法学院犯罪问题研究中心

第二节　学会组织

一　犯罪学社会团体

学科的发展离不开从事该领域研究、教学和实践的职业共同体。犯罪学在研究方法上的最大特色是需要进行实证研究。而从事实证研究，则需要团队整体配合才更为有效。开展犯罪学实证研究离不开公检法司、科研院校等多个部门的密切合作。犯罪学学术团体汇集众多专家学者、政法系统一线实际工作者，这对开展犯罪学实证研究具有重要意义。犯罪学学术团体建设在发现、培养和扶持犯罪学理论人才，充实学界后备力量方面，以及对进一步加强犯罪学学科建设，提升犯罪学学科地位，发挥犯罪学的学术价值与社会功能等方面都能起到重要作用。并且，通过充分发挥犯罪学学术团体的组织优势，与政府机关、司法机关以及其他实务部分加强沟通与合作，理论联系实际，加快成果转化，从立法、司法、公共政策、社会治理等方面提供理论支持，为经济社会发展服务。犯罪学学术团体的建立，使学科发展有了依托和交流的平台。学会组织，"这是一门学科的群众性组织，它的成员不仅包括这门学科的专业人员，也可以包括支持这门学科的人。"[1]

我国最早的全国性犯罪学学术团体是成立于 1982 年的中国青少年犯罪研究会，最早的地方性犯罪学学术团体是成立于 1983 年的上海市犯罪学学会。

目前，影响力最大的犯罪学学术团体是中国犯罪学学会。中国犯罪学学会（Chinese Society of Criminology）[2] 是一个全国性的学术社会团体、国家一级学会。1992 年 4 月 27 日，中国犯罪学研究会成立大会暨第一届学术研讨会在北京举行。在庄严的人民大会堂，来自全国各地的两百多名专家、学者参加了盛会。全国人大常委会副委员长雷洁琼到会祝贺并发表了讲话，瑞典和日本学者到会祝贺，国际犯罪学学会发来了贺电。大会推举雷洁琼、张黎群为名誉会长，选举康树华教授为会长，郭翔为第一副会长，周密、刘灿璞、王岱、冯树梁、阴家宝、孙铣、王牧为副会长。推举林准、梁国庆、俞雷、金鉴、束怀德为顾问。在会议期间进行了学术交流。中国犯罪学研究会的成立是中国犯罪学研究历史上具有里程碑意义的一件大事。2002 年中国犯罪学研究会加入中国法学会，目前全国会员 2400 多人。[3]

---

[1]　费孝通：《费孝通论社会学学科建设》，北京大学出版社，2015，第 96 页。

[2]　中国犯罪学学会自 2012 年 12 月 3 日起，法定代表人由王牧教授变更为张凌教授（常务副会长）。

[3]　永廉：《中国犯罪学研究会成立大会暨第一次学术研讨会在京举行》，《当代法学》1992年第 1 期。

中国犯罪学学会登记管理机关为民政部，业务主管单位为最高人民检察院，同时接受中国法学会的管理、监督和业务指导。学会挂靠在国家检察官学院。学会设有秘书处、学术部、联络部、外事部等办事机构。同时，学会下设预防犯罪专业委员会、犯罪对策专业委员会、罪犯矫正专业委员会、预防职务犯罪专业委员会、犯罪被害人学和信息犯罪防控专业委员会六个二级学术研究机构。

中国犯罪学学会的宗旨是，联络、组织全国犯罪学研究人员，从我国实际出发，全面、深入探讨社会主义初级阶段犯罪产生的原因，发展、变化规律和防治对策，创建具有中国特色的社会主义犯罪学理论体系，为社会稳定以及社会主义物质文明建设和社会主义精神文明建设服务。中国犯罪学学会的任务是，一、开展调查研究，进行理论探讨，撰写学术著作，翻译介绍国外犯罪学研究成果；二、召开学术讨论会、报告会、座谈会，及时交流学术研究成果和经验；三、组织和参与国际学术交流活动；四、承担国家或有关部门的研究课题，向有关部门提供有关犯罪学咨询服务；五、编辑出版犯罪学研究刊物；六、建立、健全学会的组织和发展会员。

中国犯罪学学会积极参与《预防未成年人犯罪法》、《未成年人权益保护法》等立法工作，以多种形式促成犯罪学研究成果的转化。加强犯罪学基础理论研究和学科建设，组织出版了《犯罪学大辞书》和犯罪学基础理论系列丛书，使犯罪学成为一个独立的重要法学学科。编辑出版了《犯罪学论丛》学术性刊物，成为犯罪学研究成果展示的重要窗口。广泛开展对外学术交流，先后与国际犯罪学学会、亚洲犯罪学学会、澳大利亚犯罪学学会、日中刑事法研究会、台湾地区犯罪学研究会等学术组织建立了合作与交流关系，与台湾地区韩忠谟教授法学基金会组织了四届"两岸四地"犯罪学暨犯罪侦查学术研讨会。

目前，我国多数省份成立了预防青少年犯罪研究会，一般挂靠在团委。部分省份成立了犯罪学学会或研究会。犯罪学社会团体的业务主管单位，社联的居多，如上海市犯罪学学会、江西省犯罪学研究会、海南省预防犯罪研究会、湘潭市犯罪学研究会、娄底市犯罪学研究会、岳阳市犯罪学研究会、张家界市犯罪学研究会等。

由于学科发展缓慢，犯罪学学术团体的发展速度远不如社会学、刑法学等相关学科学术团体。没有学术团体搭建平台，学科发展就缺乏一大推动力。尚未成立犯罪学相关学术团体的省份应当尽快建立地方犯罪学学会。已经成立犯罪学学会的省份，应当加强犯罪学分支学科建设。

表 4-2 犯罪学社会团体概览

序号	社团名称	成立（登记）时间
1.	中国预防青少年犯罪研究会①	1982 年
2.	上海市犯罪学学会②	1983 年
3.	天津市青少年犯罪研究学会	1983 年
4.	浙江省刑事犯罪学学会③	1990 年
5.	中国犯罪学学会	1992 年
6.	贵州省青少年犯罪研究会④	1992 年
7.	浙江省青少年犯罪研究会⑤	1992 年
8.	江西省犯罪学学会	1993 年
9.	哈尔滨市南岗区预防重新犯罪研究会⑥	1994 年
10.	台州市刑事犯罪学学会⑦	1998 年
11.	湖南省犯罪学研究会	2001 年
12.	湘潭市犯罪学研究会	2001 年
13.	海南省预防犯罪研究会	2001 年
14.	娄底市犯罪学研究会	2002 年
15.	岳阳市犯罪学研究会	2003 年
16.	吉林市犯罪心理矫治研究会⑧	2003 年

① 业务主管单位为共青团中央委员会,原名中国青少年犯罪研究会,2011 年 1 月改为现名。2015 年,获得中央财政支持项目——关爱青少年彩虹行动示范项目 100 万元立项资金。

② 上海市犯罪学学会挂靠在华东政法大学,业务范围有犯罪学、侦破学、犯罪心理学、预审、司法鉴定、监狱管理、咨询、培训,主办公开出版期刊《犯罪研究》,法定代表人为何勤华教授。

③ 浙江省刑事犯罪学学会业务主管单位为浙江省公安厅。

④ 贵州省青少年犯罪研究会业务主管单位为贵州省社会科学院。

⑤ 浙江省青少年犯罪研究会业务主管单位为浙江省公安厅。

⑥ 哈尔滨市南岗区预防重新犯罪研究会业务主管单位为哈尔滨市南岗区司法局。

⑦ 台州市刑事犯罪学学会业务主管单位为台州市公安局。

⑧ 吉林市犯罪心理矫治研究会业务主管单位为吉林市司法局。业务范围:研究罪犯改造心理、犯罪预防及犯罪心理矫治,对监狱矫治警官进行心理矫治知识培训,组织学术研究、交流与沟通。

续表

序号	社团名称	成立(登记)时间
17.	吉林省预防职务犯罪协会①	2003 年
18.	张家界市犯罪学研究会	2006 年
19.	衡阳市犯罪学研究会	2006 年
20.	郑州市犯罪心理画像协会②	2006 年
21.	江西省预防青少年违法犯罪研究会	2006 年
22.	辽宁省法学会犯罪学研究会	2007 年
23.	新疆维吾尔自治区预防犯罪协会	2007 年
24.	宁波市北仑区涉企犯罪预防研究会③	2008 年
25.	湖北省犯罪学研究会	2009 年
26.	广东省法学会犯罪学研究会	2009 年
27.	新疆维吾尔自治区法学会犯罪学研究会	2012 年
28.	福建省犯罪学研究会	2012 年
29.	武汉市洪山地区预防在校大学生犯罪协会④	2012 年
30.	河南省犯罪学研究会	2013 年
31.	天津市法学会犯罪学分会	2013 年
32.	杭州市防控犯罪协会⑤	2013 年
33.	浙江省经济犯罪侦防协会业⑥	2014 年
34.	盘锦市法学会犯罪学研究会	2016 年
35.	贵州省法学会犯罪学研究会	2016 年
36.	常州市天宁区司法与犯罪心理研究会⑦	2017 年

① 吉林省预防职务犯罪协会业务主管单位为吉林省人民检察院。
② 郑州市犯罪心理画像协会业务主管单位为郑州市公安局。
③ 宁波市北仑区涉企犯罪预防研究会业务主管单位为宁波市北仑区人民检察院,业务范围:联络和团结北仑区热心支持涉企犯罪预防研究的社会各界人士,开展信息交流、团结协作,组织会员开展涉企犯罪预防的学术研究,建立信息网络、举办法治讲座、进行专题讨论及法律咨询等。
④ 武汉市洪山地区预防在校大学生犯罪协会挂靠单位为武汉市洪山区人民检察院与武汉大学、华中科技大学等洪山地区 17 所高校。
⑤ 杭州市防控犯罪协会业务主管单位为杭州市公安局。业务范围:以协会为途径,积极开展防范犯罪的社会宣传、服务及公益性活动;组织相关社会培训、课题调查研究及对外联系、合作、交流;动员、协调民间力量开展群防群治;编写社会防控犯罪宣传资料,组织防控犯罪社会奖励表彰等。
⑥ 浙江省经济犯罪侦防协会业务主管单位为浙江省公安厅。
⑦ 常州市天宁区司法与犯罪心理研究会业务主管单位为常州市天宁区司法局,业务范围:学术与应用交流研讨,提供政策咨询服务、社区矫正之心理矫治、心理评估、心理干预等,开展本领域内的相关培训,开展本领域的相关课题研究。

二　学术会议

(一) 国际重要犯罪学会议概况

1. 世界犯罪学大会

自 1938 以来，世界犯罪学大会一直是在国际犯罪学学会①的主持下举行，是犯罪学界的盛事，汇集全球一流的学者、研究人员、专业人士和决策者，讨论犯罪、越轨行为以及与预防最相关的、最紧迫的问题。

1988 年中国法学会派出代表团参加在汉堡召开的世界犯罪学大会。1993 年 8 月 22 日至 27 日召开的第 11 届世界犯罪学大会，中国犯罪学研究会派出以会长、北京大学康树华教授为团长的代表团一行 14 人出席。这是中国代表团第二次出席大会。这一次是首次以中国犯罪学研究会的名义参加大会，引起参加会议的各国代表的普遍关注和欢迎。这次大会共有 57 个国家、1200 多名代表参加。中国犯罪学研究会在会议期间与该协会商讨作为团体会员加入协会的问题，获得了热烈欢迎。

2005 年 8 月 6 ~ 12 日，第 14 届世界犯罪学大会在美国费城宾夕法尼亚大学举行，以中国法学会犯罪学研究会王牧会长为团长的犯罪学会代表团十人参加了大会，与全球犯罪学界搭建了沟通交流的平台。

2008 年 7 月 20 ~ 25 日，第 15 届世界犯罪学大会在西班牙巴塞罗那召开。中国法学会犯罪学研究会组团参加此次大会。大会分议题为：跨国犯

---

① 国际犯罪学学会（International Society of Criminology），国际性的犯罪学研究组织，联合国的咨询机构之一。其前身是 1934 年 12 月由法国和意大利学者发起，欧洲和南美洲国家的犯罪研究者响应，在巴黎成立的犯罪学、犯罪生物学、犯罪预防策略和人类学联合会。1938 年在意大利首都罗马召开的第一届国际犯罪学大会上做出了建立一个国际性犯罪学研究组织的决议，国际犯罪学协会成立。后因第二次世界大战，中断多年。在 1949 年 1 月举行的会议上，才通过协会章程，并决定将总部设在巴黎。1950 年在巴黎召开的第二届国际犯罪学大会上，宣告了正式命名的国际犯罪学协会的成立。协会成员来自 80 多个国家，其管理机构包括理事会、学术委员会和协会秘书处，它们由每 5 年举行一次的国际犯罪学大会选举产生，并由其监督。协会宗旨是：促进国际社会对犯罪现象的科学研究，使犯罪学学者和实际工作者能在一起进行犯罪问题的研究，加强国际犯罪问题学术交流，解决各国学者共同关心的世界性犯罪问题。并协调其他犯罪预防或同犯罪进行斗争的国际组织的活动。自 1951 年起由联合国教科文组织出版《国际犯罪学年鉴》、《犯罪学文件精选》以及学术简讯等出版物。学会的工作语言为英语、法语、德语、西班牙语。经费来自会员会费及政府资助。

罪（有组织犯罪、金融犯罪、恐怖主义、毒品犯罪）、城市犯罪、被害人与恢复性司法。通过参加大会，了解了世界犯罪学的新发展，达到了向世界各国同行学习，同时宣传介绍我国的犯罪学发展、加强了我国犯罪学界的对外交流、推进我国犯罪学研究发展的目的，也促进了中国法学会犯罪学研究会与国际犯罪学会的进一步合作。

2011 年 8 月 5 日至 8 月 9 日，第 16 届世界犯罪学大会在日本神户召开，中国法学会犯罪学研究会组团参会。来自世界各地的 1400 余名代表参加了这次会议。大会共举行了四场全体大会，164 场分会场会议，发表了论文近六百篇。亚洲犯罪学学会会长刘建宏教授应邀主持全体大会。

2016 年 12 月 15 日至 19 日，第十八届世界犯罪学大会在印度德里举行。此次会议由国际犯罪学学会和金达尔全球大学联合举办。会议议程包括工作坊、主题报告、主题论坛、校园展示等。2016 年 12 月 15 日至 19 日，第十八届世界犯罪学大会在印度德里举行。此次会议由国际犯罪学学会和金达尔全球大学联合举办。会议议程包括工作坊、主题报告、主题论坛、校园展示等。上海政法学院检察制度比较研究中心负责人、刑事司法学院王娜副教授受国际犯罪学学会主席埃米利奥 C. 唯雅诺（Emilio C. Viano）教授和金达尔全球大学金达尔行为科学研究院主要负责人桑杰夫 P. 萨尼（Sanjeev P. Sahni）教授的邀请参加本次会议，并在大会上围绕"恐怖主义对中国刑事立法的影响"（The Impact of Terrorism on Chinese Criminal Legislation）的主题做了学术报告。本次国际学术活动意义重大：一方面，与以国际犯罪学学会为核心的全球犯罪学界搭建基本的沟通交流网络；另一方面，与金达尔全球大学开展了友好交流，为今后刑事法领域的国际合作和中印之间国际合作的拓展和强化奠定良好基础。①

2. 联合国预防犯罪大会

犯罪预防领域最重要的国际会议是联合国预防犯罪大会。联合国预防犯罪大会是预防犯罪和刑事司法领域的全世界最大规模、最具多样化的政

---

① 上海政法学院刑事司法学院，http://www.shupl.edu.cn/xsssfxy/2016/1220/c70a5967/page.htm。

表 4 - 3　历届世界犯罪学大会研讨主题

届别	年度	举办城市	主题
第一届	1938	意大利罗马	无主题
第二届	1950	法国巴黎	犯罪学与犯罪学的起源
第三届	1955	英国伦敦	再犯
第四届	1960	荷兰海牙	犯罪行为的精神病理学方面研究
第五届	1965	加拿大蒙特利尔	对罪犯的待遇
第六届	1970	西班牙马德里	犯罪学的科学研究
第七届	1973	塞尔维亚贝尔格莱德	现行犯罪学的大趋势
第八届	1978	葡萄牙里斯本	无主题
第九届	1983	维也纳奥地利	犯罪学与政治、社会取向之间的关系
第十届	1988	德国汉堡	犯罪学观点：犯罪挑战和行动策略
第十一届	1993	匈牙利布达佩斯	社会政治变革与犯罪：21 世纪的挑战
第十二届	1998	韩国首尔	变化的世界中的犯罪与司法：亚洲和全球视野
第十三届	2003	巴西里约热内卢	减少犯罪和促进正义：对科学、政策和实践的挑战
第十四届	2005	美国费城	预防犯罪和促进正义：变革之声
第十五届	2008	西班牙巴塞罗那	犯罪与犯罪学：研究与行动
第十六届	2011	日本神户	全球社会经济危机与犯罪控制政策：区域和国家比较
第十七届	2014	墨西哥蒙特雷	帮派贩运和不安全感：赋予社区权力
第十八届	2016	印度德里	城市化，全球化，发展与犯罪：二十一世纪的机遇与挑战

府、民间社会、学术界和专家聚会。预防犯罪和刑事司法领域的政策制定人员和从业人员每隔五年汇聚一起举行联合国预防犯罪大会，以帮助形成联合国预防犯罪和刑事司法议程和标准。每隔五年举行一次有关犯罪控制事项的国际会议的做法最早始于 1872 年，当时是在国际监狱委员会主持下举行会议，该委员会后来成为国际刑罚和感化委员会。第一届联合国预防犯罪大会于 1955 年 8 月 22 日至 9 月 3 日在日内瓦举行。2015 年多哈预防犯罪大会时正是预防犯罪大会成立 60 周年。60 年来，各届预防犯罪大会对刑事司法政策产生了影响，并加强了对付跨国有组织犯罪全球威胁的国际合作。

从 1980 年第六届大会开始，中国政府均派出以司法部部长或副部长为团长的代表团参加历次会议，具有中国特色的预防犯罪的理论与实践日益受到世界各国的关注。

表 4 - 4　联合国预防犯罪大会历年举办城市与主题

届别	时间	举办城市	主题、报告
第一届	1955	瑞士日内瓦	通过了《囚犯待遇最低限度标准规则》
第二届	1960	英国伦敦	建议为少年司法提供特别警察服务
第三届	1965	瑞典斯德哥尔摩	分析了犯罪与社会变革之间的关系
第四届	1970	日本东京	呼吁改进预防犯罪规划,促进经济和社会发展
第五届	1975	瑞士日内瓦	核准了《保护人人不受酷刑和其他残忍、不人道或有辱人格待遇或处罚宣言》
第六届	1980	委内瑞拉加拉加斯	在"预防犯罪和生活质量"这一主题下认识到预防犯罪必须以各国的社会、文化、政治和经济情况为基础
第七届	1985	意大利米兰	在"为自由、正义、和平与发展而预防犯罪"这一主题下通过了《米兰行动计划》和一些新的联合国标准和规范
第八届	1990	古巴哈瓦那	在"二十一世纪的国际预防犯罪和刑事司法"这一主题下建议采取行动打击有组织犯罪和恐怖主义
第九届	1995	埃及开罗	在"争取人人享有安全和正义"这一主题下侧重于为加强法治开展国际合作和实际技术援助
第十届	2000	奥地利维也纳	犯罪与司法:迎接二十一世纪的挑战。通过了《维也纳宣言》,其中会员国承诺在打击跨国犯罪和实行刑事司法改革方面加强国际合作
第十一届	2005	泰国曼谷	协作与对策:建立预防犯罪和刑事司法战略联盟。通过了《曼谷宣言》,这一至关重要的政治文件为加强旨在预防和打击犯罪的国际协调与合作努力奠定了基础并指明了方向
第十二届	2010	巴西萨尔瓦多	应对全球挑战的综合战略:预防犯罪和刑事司法系统及其在不断变化的世界中的发展
第十三届	2015	卡塔尔多哈	将预防犯罪和刑事司法纳入更广泛的联合国议程以应对社会和经济挑战并促进国家和国际两级法治及公众参与

3. 亚洲犯罪学学会年会

亚洲犯罪学学会(Asian Criminological Society,简称 ACS)于 2009 年在中国澳门成立,是由亚洲地区的犯罪学者与刑事司法领域的实务工作者共同组成的学术组织。该学会旨在促进亚洲地区犯罪学和刑事司法的实证研究,加强学者和从业人员在亚洲与世界犯罪学界和刑事司法实务领域的沟通和合作,推动亚洲犯罪学研究的发展。

2009 年 12 月 17 日至 20 日,亚洲犯罪学学会成立大会暨第一届年会在澳门召开。大会议题是"全球视野下的亚洲犯罪学——挑战与前途"。大会选举了首届领导机构,国际著名华裔学者、澳门大学刘建宏教授当选为首届会长,澳大利亚犯罪学学会会长、澳大利亚国立大学约翰·布雷斯怀特(John Brarthwaite)教授当选为会员大会主席,台北大学校长候崇文教授当选为监事会主席,中国犯罪学学会会长王牧教授当选为副主席。

2010 年 12 月 8 日至 10 日,第二届年会在印度清奈(Chennai)马德拉斯大学(University of Madras)召开。本届大会以"推进犯罪学:亚洲的挑战与机会(Advancing Criminology:Challenges and Opportunities in Asia)"为主题,分别就犯罪学的发展、刑事司法、犯罪预防、犯罪学者的角色、政府与非政府组织在犯罪学研究的合作等议题进行了讨论。会长刘建宏教授做了题为"犯罪学的亚洲范式"的大会主题发言,提出"目前欧美的犯罪学在犯罪学领域中占据垄断地位,犯罪及其控制在亚洲各国有不同于欧美的特点,亚洲犯罪学需建立具有亚洲特色和独特贡献的亚洲范式。"来自全球各地的 200 多名代表参加了本次盛会,并发表了 100 多篇论文。

2011 年 12 月 17 日至 19 日,第三届年会在中国台湾台北大学召开。来自美国、加拿大、英国、澳大利亚、南非、印度、新加坡、韩国、日本、中国大陆等地的 300 余名代表共襄盛会。研讨会主题为"亚洲犯罪学与刑事司法的革新"。会议期间,与会代表围绕会议主题发表论文百余篇。

2012 年 8 月 19 日至 22 日,第四届年会在韩国首尔召开。会长刘建宏教授作全会主题发言。本次会议由韩国国家刑事司法研究院承办。来自亚洲各国及美国、澳大利亚、英国、德国的学者约 500 人参加了此次学术盛会,共发表论文 220 篇。韩国前总理李寿成、韩国司法部长、韩国警察总长等出席了开幕仪式并致辞。会议主题包括犯罪前瞻与刑事政策检讨、性犯罪问题、毒品犯罪问题、青少年犯罪问题、妇女儿童保护问题、有组织犯罪问题等。

2013 年 4 月 14 日至 16 日,第五届年会在印度孟买召开,以"为亚洲的边缘化者实现正义"(Access to Justice for the Marginalised in Asia:A Human Rights Perspective)为主题。

2014 年 6 月 27 日至 29 日,第六届年会在日本大阪召开。会长刘建宏教授致大会开幕辞。本次会议由日本犯罪学学会、日本犯罪心理学学会、日本罪犯康复协会、日本社会问题研究协会、日本社会犯罪研究协会、日本法律与司法社会服务协会六个协会组成的日本犯罪学联合协会共同承办。大会主题为"促进亚洲犯罪学与刑事司法理论的发展",大会针对恢复性司法、性别与犯罪、毒品犯罪、经济犯罪、青少年犯罪、犯罪预防等多个犯罪学与刑事司法学议题,展开了 65 场分会研讨。来自世界 37 个国家和地区的四百余位学者参加盛会,发表论文 270 余篇。

2015 年 6 月 25 日至 27 日,第七届年会在香港城市大学召开。年会主题是"世界转变中的犯罪学和刑事司法:来自亚洲的贡献",其中包括"犯罪原因和预防:文化,社会,家庭和学校"、"矫正问题"、"腐败和经济犯罪"、"犯罪预防"、"亚洲国家的刑事司法:警察局,检察院,法院和监狱"、"亚洲的司法鉴定和证据基础上的刑事政策"、"亚洲受害者心理学"、"面对计算机犯罪的新挑战"、"亚洲的恢复性司法"、"安保和监控"、"亚洲犯罪学的未来"、"犯罪和犯罪性理论"、"亚洲跨国有组织犯罪"、"亚洲青少年犯罪问题"、"其他犯罪和犯罪学有关问题"等 15 个主要议题。来自亚洲各主要国家和地区以及美国、英国、澳大利亚、比利时、意大利、波兰、荷兰等多个国家和地区的 300 多位代表出席了年会。年会由香港城市大学应用社会科学学院和香港中文大学社会学院共同承办。

犯罪学是舶来品,天生具有国际化血统,所以应注意处理好国际化与本土化的关系。犯罪学研究应该有国际视野,了解和掌握国际上的先进理论与方法。否则就是闭关自守,故步自封,没有出路。但是,作为一门科学,犯罪学要在国际化基础上实现本土化,也就是为我所用。否则就可能是水土不服,无本之木,胎死腹中。犯罪学研究的国际化路线既要吸收国外的经典与前沿理论,又要积极参与国际学术交流。并且,积极争取犯罪学国际会议在国内举办,让更多的国内学者参与其中。这方面的典型范例是亚洲犯罪学学会第八届年会的成功举办。

2016 年 6 月 18 日至 19 日,第八届年会在北京市友谊宾馆召开。本届年会由中国犯罪学学会和天津市法学会犯罪学分会共同承办,年会主题为"全球化视角下的犯罪防控"。共有来自美国、澳大利亚、新西兰等国家以及来自中国、日本、韩国、菲律宾、泰国等亚洲的十余个国家和我国香港、澳门、台湾地区的 230 余位学会理事、会员以及犯罪学专家、学者出席大会。开幕式由亚洲犯罪学学会首任会长、现任学会会员大会主席刘建宏教授主持。中国法学会副会长张文显教授、亚洲犯罪学学会会长许春金教授、中国犯罪学学会会长胡卫列教授等出席会议开幕式并致辞。大会的主旨发言阶段由许春金教授主持，共有 4 位来自各国的专家学者进行了主旨演讲，他们是澳大利亚国立大学约翰·布雷斯怀特教授、澳门大学刘建宏教授、中国犯罪学学会副会长、上海政法学院严励教授、日本东京青山学院大学宫泽节生教授，这 4 位专家分别就"亚洲地区的恢复性司法""亚洲犯罪学的当前地位、挑战、政策以及未来的发展方向""中国特色社会治安管理体系的理论和实践""亚洲之外的关于亚洲地区的犯罪学研究的调查分析"等问题进行了深入探讨，引起与会专家学者的高度关注。全体会议的主题发言阶段由刘建宏教授主持。会议主办方还特别为提交会议论文的各国、各地区的犯罪学学者精心开设了 27 个分会场，以便来自各国、各地区的犯罪学学者进行更为广泛且深入的研讨。每个分会场均安排 4 ~ 6 位发言人，主要按照发言人的国籍进行划分。发言的题目涉及犯罪学的各个热点领域，学者们就感兴趣的犯罪学话题进行了十分热烈的学术交流和互动。本次论坛是亚洲犯罪学学会首次在中国大陆举办的年会，很好地提升了中国大陆犯罪学研究在国际的学术影响力。

2017 年 7 月 10 日至 13 日，第九届年会在澳大利亚昆士兰召开，以"亚洲与全球南部犯罪及刑事司法"（Crime and Justice in Asia and the Global South：An International Conference）为主题，由昆士兰科技大学犯罪与刑事司法研究中心、亚洲犯罪学学会联合主办。

2018 年 6 月 23 日至 28 日，第十届年会在马来西亚槟城召开，本次年会由亚洲犯罪学学会和马来西亚理科大学共同主办，共有 150 余位来自美国、西班牙、澳大利亚、德国等地区的专家学者参会。年会主题为"对犯罪和司法的再审视：当代议题与挑战（Reevaluating Insights on Crime and Justice：Contemporary Issues and Challenges）"。

（二）国内重要犯罪学会议概况

1. 中国犯罪学学会年会

国内犯罪学界最高规格的学术会议是每年一届的中国犯罪学学会年

会。中国犯罪学学会自成立以来，围绕国家经济和政治大局，针对如何维护国家长治久安及犯罪的热点问题已连续举办二十七届全国性学术研讨会和十几次专题研讨会，为国家预防和惩治犯罪提出了许多积极的富有成效的对策和建议。下面对历届会议加以回顾与整理。

表4-5 中国犯罪学学会历次年会

序号	时间	承办方	会议城市	主题
1	1992 年	中国犯罪学研究会	北京市	社会治安综合治理、研究犯罪现象和犯罪原因、控制与预防犯罪、改造教育罪犯、研究不同类型犯罪
2	1993 年	中国犯罪学研究会	北京市	市场经济与犯罪控制
3	1994 年	中国犯罪学研究会	北京市	市场经济与犯罪控制
4	1995 年	中国犯罪学研究会	北京市	暴力犯罪问题
5	1996 年	中国犯罪学研究会	北京市	暴力罪犯的矫治、金融欺诈犯罪的治理对策
6	1997/05/26 – 28 *	中国犯罪学研究会	北京市	有组织犯罪及其他犯罪
7	1998/05/12 – 15	中国犯罪学研究会	深圳市	犯罪防控问题、毒品犯罪与金融犯罪的防控问题、犯罪学研究方法问题
8	1999/05/17 – 20	中国犯罪学研究会	常州市	犯罪学的学科性质与价值、职务犯罪研究、未成年人犯罪研究
9	2000/04/21 – 23	上海大学法学院、上海政法干部管理学院	上海市	犯罪学基础理论、城市化与犯罪、跨国跨境犯罪及防治对策
10	2001/08/13 – 16	新疆警官高等专科学校	乌鲁木齐市	西部大开发与犯罪预防、有组织犯罪问题、农村劳动力过剩问题与犯罪
11	2002/04/05 – 07	中国犯罪学研究会	广州市	中国"入世"后的犯罪问题、反恐怖主义问题、黑社会犯罪问题、犯罪学学科建设问题
12	2003/10/19 – 22	中国犯罪学研究会	深圳市	犯罪学基础理论、黑社会犯罪、跨境犯罪
13	2004/08/21 – 23	吉林省人民检察院、吉林省法学会、长春市人民检察院和吉林大学法学院	长春市	犯罪学基础理论、少年司法制度、刑事政策

序号	时间	承办方	会议城市	主题
14	2005/07/29 - 08/01	贵州民族学院、贵州省法学会等	贵阳市	网络与青少年犯罪问题、少年司法制度、犯罪学学科建设
15	2006/06/10 - 11	四川省人民检察院、四川省法学会、四川省犯罪防控研究中心和西南科技大学法学院	绵阳市	犯罪防治与和谐社会构建、和谐社会建设中的城乡治安警务、和谐社会建设中的司法制度、罪犯矫正制度与和谐社会建设、刑事政策与和谐社会建设、打击跨国犯罪与和谐社会建设
16	2007/08/11 - 13	江西省人民检察院 **	井冈山市	犯罪学与我国刑事法律制度建设、宽严相济刑事政策的理论与实践、被害人的救助与国家补偿、商业贿赂犯罪防治、精神障碍者危害社会行为对策
17	2008/07/12 - 14	辽宁省辽源市人民检察院、吉林大学法学院	辽源市	发展、矛盾、对策——中国社会发展新阶段的犯罪问题研究;分议题:中国犯罪学研究的回顾与前瞻、社会分层与多元化背景下犯罪新趋势、农民工犯罪问题、刑事被害问题研究、毒品犯罪研究
18	2009/08/07 - 10	浙江省绍兴市人民检察院	绍兴市	犯罪学基本理论、青少年犯罪问题、企业犯罪治理问题
19	2010/11/05 - 07	海南省人民检察院	海口市	犯罪学基础理论研究、犯罪学实证方法研究、犯罪现象发展变化的实证研究、黑社会性质组织犯罪实证研究
20	2011/08/19 - 22 ***	黑龙江省人民检察院	哈尔滨市	科学发展与渎职侵权犯罪控制
21	2012/08/12 - 13 ****	国家检察官学院	北京市	社会管理创新与犯罪防控
22	2013/11/10 - 11	广东省广州市人民检察院	广州市	犯罪防控与平安中国建设
23	2014/11/14 - 15	西南政法大学	重庆市	国家治理现代化与犯罪防控
24	2015/11/07 - 08	上海市人民检察院、上海政法学院	上海市	犯罪防控与法治中国建设

续表

序号	时间	承办方	会议城市	主题
25	2016/11/25 – 26	福建警察学院	福州市	立体化社会治安防控体系建设
26	2017/08/24 – 25 *****	成都市中级人民法院	成都市	大数据时代下的犯罪防控
27	2018/10/18 – 19	福建省泉州市人民检察院	泉州市	现代社会与犯罪治理

* 在中国犯罪学研究会全国会员代表大会暨第六届学术研讨会上，全国人大常委会副委员长、中国犯罪学研究会名誉会长雷洁琼教授以 92 岁高龄莅临会议并发表讲话，与会代表深受鼓舞。经换届选举，产生新一届理事会，康树华教授连任会长，副会长有王牧、王岱、王明迪、冯树梁、刘灿璞、刘家琛、孙铣、阴家宝、陈兴良、周密、赵可、赵国玲、胡康生、郭翔（按姓氏笔画排序），秘书长由赵国玲兼任，并选出常务理事和理事共 162 人。

** 中国犯罪学研究会第四届会员代表大会暨第十六届学术研讨在江西省井冈山市召开，来自全国各地的 200 多名专家、学者与司法界人士参加会议。本次会议由江西省检察院、南昌铁路运输检察分院、吉安市检察院及井冈山市检察院共同承办，江西省检察院检察长孙谦出席会议并致辞。

*** 笔者于 2006 年被批准成为中国犯罪学研究会会员，参加了 2011 ～ 2017 年连续七届年会，七篇参会论文入选公开出版的年会论文集，并在 2013 年年会上做主题发言。

**** 第五届会员代表大会。

***** 第六届会员代表大会。

2. 上海犯罪学论坛

上海犯罪学论坛由中国犯罪学会预防犯罪专业委员会①和上海政法学院刑事司法学院联合主办。

2014 年 4 月 20 日，第一届犯罪学论坛研讨会的主题为"当前我国犯罪学的转型与发展"。20 余所高校、科研院所和实务部门的学者、专家 60 余人参会研讨。中国犯罪学会副会长、预防犯罪专业委员会主任委员、上海政法学院闫立教授，中国犯罪学会常务副会长、中国政法大学张凌教授等为本次研讨会致开幕辞。

2015 年 5 月 30 日，第二届犯罪学论坛研讨会的主题为"犯罪预防理论有效性的检视与推进"。科研院所和实务部门的学者、专家百余人参会研讨。研讨会由闫立教授主持，中国犯罪学学会名誉会长、中国政法大学王牧教授以及副会长张旭教授到会并致辞。

2016 年 5 月 14 日，第三届犯罪学论坛的主题为"犯罪预防的战略与

---

① 中国犯罪学会预防犯罪专业委员会于 1992 年 11 月 5 日在上海市政法管理干部学院成立。

策略——社会治安防控的实证与实践"，分议题包括"犯罪预防基础理论研究"、"大数据与犯罪空间防控理论与实践"、"犯罪类型的实务防控"和"社会治安防控体系构建研究"。来自近四十余所高校、科研院所和实务部门的专家、学者120余人参会，参会论文100余篇。其中，台湾中正大学的学者提交的论文及观点，使与会代表不仅了解和探索了当今犯罪学的新动向，还积极促进了两岸犯罪学界的融合交流。实务部门的社会治安防控的实证经验在大会上的介绍和交流，为犯罪预防和社会治安防控的研究带来了宝贵的第一手实证资料。

2017年5月6日，第四届上海犯罪学论坛暨国际犯罪学学会成立80周年纪念及研讨活动在上海召开，会议主题为"社会安全与犯罪防控"。论坛共收到150多篇文章。来自90余所高校、科研院所以及实务部门的170余名代表参会。国际犯罪学学会主席Emilio C. Viano教授、中国犯罪学学会名誉会长王牧教授为研讨会致开幕辞。

2018年5月26日，由上海政法学院刑事司法学院—警务学院主办，上海反恐研究中心、腾讯网络安全与犯罪研究基地联合协办的中国犯罪学学会预防专业委员第五届上海犯罪学论坛在上海召开，本次会议的主题为"国家治理体系中的犯罪治理与预防"。亚洲犯罪学学会会员大会主席刘建宏，中国犯罪学学会名誉会长王牧等全程参与了本届论坛。中国犯罪学学会副会长、上海政法学院终身教授闫立主持论坛。

本届论坛获得了境内外犯罪学界的热切响应，共收到来自近100所高校、实务部门以及企事业单位164位犯罪学研究者的160多篇文章。来自高校及各实务部门的200余名专家学者参加了本次大会。

五年来，上海犯罪学论坛参会人数连年攀升，历年收录的学术文章已超600余篇，并取得了喜人的学术成果，连续四年都正式出版了犯罪学论坛论文集，学术成果斐然。迄今，犯罪学论坛不仅是上海政法学院在国内外具有影响力的重要学术品牌，更是我国犯罪学学会重要的学术研讨交流平台，为中国犯罪学的发展做出了重要的贡献。

3. 天津市法学会犯罪学分会年会

2013年6月28日，恰逢我国第一部预防犯罪的专门法——《预防未成年人犯罪法》颁布14周年的日子，天津市法学会犯罪学分会在天津会宾园大酒店学术报告厅隆重召开会议，首届学术报告会一并举行。来自科研、高校、法院、检察院、公安局、司法局、监狱局、综治办、社区矫正中心、未成年犯管教所、律师所等单位从事犯罪学理论研究、教学的专家学者、政法系统一线的实际工作者，以及团委、金融机构、企业、媒体等单位共 150 多名会员代表参加了此次盛会。首届犯罪学分会共有会员 220 人，会员代表来自各行各业，分布广泛，也正体现了犯罪学作为一门跨学科的综合性学科的特点。

在当前全面建设小康社会、加快推进社会主义现代化的新的历史时期，学会肩负"繁荣犯罪学研究，推进社会主义法治事业不断发展"的历史使命，为更好地服务于预防犯罪工作，服务于社会治安综合治理和社会稳定，服务于天津市经济社会发展贡献智慧和力量。学会接受有关部门委托，参与刑事法律修改完善调研工作。承担天津市有关犯罪防控问题的课题研究。向有关机关提出预防和控制犯罪的建议。开展多种形式的犯罪防控宣传教育工作。

学会旨在广泛团结犯罪学界从事科研、教学和法律实务的人士及其他有志于犯罪学研究的人士，开展学术研究，推进犯罪学的发展，为深化平安天津、法治天津建设做出贡献。学会要为会员开展犯罪学研究、加强犯罪学学科建设、搭建平台、提供服务；以课题为抓手，加强与公检法司实务部门合作，深入实际，开展调研；聚集人才，多出成果；组织好学术交流活动。犯罪学分会的成立可以为大家搭建一个互相交流、砥砺学术的平台，可以不断推动犯罪学研究的繁荣与发展，为建设"法治天津、平安天津、和谐天津"建言献策，为有关部门制定政策提供理论支持和决策参考。天津是我国开展犯罪学研究较早的地区，一直是我国犯罪学研究的重镇，尤其是在实证犯罪学研究领域更是可圈可点。犯罪学学会的成立必将进一步有力推动天津乃至全国的犯罪学特别是实证犯罪学研究的进步。

王牧教授为学会成立题词："笔拥江山气，窗含桃李风"，并为与会代表作了"犯罪学视野下的我国刑法改革"的主题发言。王牧教授的报告分为四个部分，首先，交代了问题产生的背景情况。其次，分析了近、现代社会存在的两种不同类型的刑法。再次，对我国现行刑法作为古典类型刑法的属性进行了剖析。最后，对我国刑法未来的发展提出了几点看法。

2014 年 10 月 24 日，天津市法学会犯罪学分会举办第二届年会。年会邀请德国比勒菲尔德大学冲突和暴力跨学科研究所韦尔海姆·海德梅尔（Dr. Wilhelm Heitmeyer）教授做学术讲座。来自各界的 130 余人参加了会议。海德梅尔教授发表题了为"少年危机：暴力冲突与社会失范"的主旨演讲。

2015 年 5 月 6 日，天津市法学会犯罪学分会举办第三届年会暨"法治社会建设与犯罪防控"学术研讨会，100 余人参加了年会。学会领导为联络员代表颁发聘任书，并为年会优秀论文代表颁发了获奖证书。

2016 年 6 月，天津市法学会犯罪学分会第四届年会的主要内容就是承办亚洲犯罪学学会第八届年会，没有再单独举办年会。

2017 年 6 月 23 日，天津市法学会犯罪学分会举办第五届年会。本次研讨会的一大特色是，与辽宁省犯罪学研究会联合举办，会议命名为"犯罪学论坛（2017 天津）"。此次论坛的主题为"社会治理与犯罪防控"。学术研讨阶段分为两个单元。来自检察院系统、法院系统、高校和辽宁犯罪学界的专家学者就社区矫正、网络犯罪防控、职务犯罪防控等议题进行研讨。台湾中正大学犯罪学研究所所长许华孚教授发表主题演讲"大数据时代来临对犯罪防治之应用"。论坛共收到来自高校、社科院、法院、检察院、社区矫正中心等单位的论文 50 余篇，学会秘书处组织有关专家遴选出论文一等奖 5 篇，二等奖 10 篇。

第三节　发表阵地

一　犯罪学研究公开出版期刊

目前没有一种公开出版的犯罪学领域的专门期刊，即缺少一本以"犯罪学"命名的学术期刊。

中国犯罪学学会 2003 年创办《犯罪学论丛》，是以书代刊性质的论文集刊。截至 2016 年，已经出版到第十卷。该集刊可以视为中国犯罪学学会的会刊。该集刊作为年刊，出版周期较长，难以进入核心期刊的主流评价体系，也就难以吸引高质量的稿件。据悉，中国犯罪学学会将通过申请其他期刊变更刊名和主办单位的方式，创办真正属于自己的会刊。

目前，国内公开出版的期刊中，刊名中包含"犯罪"字样的刊物有四种。

表 4 - 6　国内犯罪学研究公开出版期刊

序号	期刊名称	主管单位	主办单位	创刊时间
1.	犯罪研究*（双月刊）	上海市社会科学界联合会	上海市犯罪学学会	1981 年
2.	青少年犯罪问题（双月刊）	上海市教育委员会	华东政法大学	1982 年
3.	犯罪与改造研究**（月刊）	司法部	司法部预防犯罪研究所	1986 年
4.	预防青少年犯罪研究***（双月刊）	共青团中央	中国预防青少年犯罪研究会、中国青年出版社	2012 年

＊《犯罪研究》于 2000 年由《刑侦研究》更名，于 2002 年正式公开出版。

＊＊《犯罪与改造研究》2000 年曾入选北大版中文核心期刊目录。

＊＊＊2012 年 1 月开始公开发行，前身为《青少年犯罪研究》（内刊）。

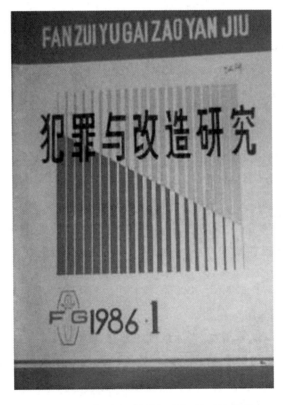

图 4 - 1　《犯罪与改造研究》创刊号书影

图 4 - 2　《青少年犯罪问题》创刊号书影

二　设置犯罪学研究栏目的公开出版期刊

2014 年 2 月 25 日，教育部办公厅发布《关于公布教育部高校哲学社会科学学报名栏建设第三批入选栏目名单的通知》，25 个栏目被确定为名栏建设第三批入选栏目名单。其中包括《中国人民公安大学学报》（社会科学版）的"犯罪研究"栏目。

《中国刑事法杂志》、《中国监狱学刊》、《山东警察学院学报》、《江苏警官学院学报》、《河南警察学院学报》、《江西警察学院学报》、《警学研究》等学术期刊，以及《刑事法评论》、《刑法论丛》等集刊，都设置了犯罪学或犯罪研究栏目。

第四节　社科基金

社会科学基金项目一般以国家级和省部级为主，有的教学科研单位也自行设立厅局级科研项目。国家社科基金项目是最高层次的社科基金项目，数据库建设也最为发达。省部级社科基金项目比较分散，数据开放有限。有鉴于此，下面仅针对国家社科基金项目中与犯罪学有关的内容加以分析。

由全国哲学社会科学规划办公室主持的国家社科基金年度项目基本上是以一级学科为主要标准分类的，也包含少部分二级学科，总计包括23个学科。犯罪学学科目前尚未列入国家社科基金项目学科目录。其中，有关犯罪学的项目主要包含在法学和社会学学科之中，教育学、体育学、政治学、管理学、经济学、新闻学与传播学、统计学等学科偶尔也有少量分布。国家社科基金项目学科分类中，法学门类中的法学、社会学、政治学、民族学（以"民族问题研究"名义出现）、马克思主义理论（以"马列·科社"名义出现）等一级学科都已单独分类，甚至作为政治学二级学科的党史·党建也单独列出，但作为一级学科的公安学没有单列，屈居于公安学之下的犯罪学遭受同样的命运。

我国官方对犯罪学学科建设重视程度不够，科研项目难以立项，经费不足，导致犯罪学学科建设研究举步维艰。鉴于犯罪学目前的弱势学科地位，也只能是借助于法学、社会学等学科申报国家社科基金项目了。但是，这只是权宜之计。从学科发展的长远角度看，国家社科规划办应当对尚待发展的新兴弱势学科给予一定的倾斜，尽快将犯罪学独立列入国家社科基金项目。弱势学科不受重视，得不到扶持，势必会形成强者恒强、弱者恒弱的局面，加大学科间发展水平的差距，造成学科之间的"贫富不均"。随着社会和经济的发展，社会分工越来越细，新兴学科也会不断增加。每个学科都有各自的社会功能和任务，不能相互替代，我们要以发展的眼光对待这些学科。有的所谓的强势学科，也不乏迎合当前形势的需要，就一些应景课题进行立项。或许，课题未等结项就已经时过境迁，成明日黄花了。而真正对社会和经济发展有益的课题却得不到立项。犯罪学的学科特点是需要大量的社会调查，搞实证研究需要大量的经费投入，缺乏经费支持的研究是难以为继的。实际上，有的思辨性学科，需要的是大量的文献，大部分文献可以在图书馆里借阅，往往不需要大量的科研经费。①

---

① 刘可道：《加强犯罪学学科建设应当着力解决五大问题》，《犯罪研究》2013年10月20日。

表4-7　国家社科基金立项概览（犯罪学方向）

序号	学科分类	项目名称	立项时间	项目负责人	工作单位
1	法学	群体犯罪的社会心理特征及其法律对策	1991-12	陈兴良	中国人民大学
2	法学	中国预防犯罪的理论与实践	1991-12	鲍遂献	武汉大学
3	法学	中国暴力犯罪对策研究	1992-10	叶高峰	郑州大学
4	法学	当前我国刑事犯罪急剧增多的原因与对策研究	1995-07	王牧	吉林大学
5	法学	中国预防犯罪的理论与实践	1996-07	肖扬	司法部
6	法学	青少年犯罪问题研究	1996-07	徐建	华东政法学院青少年犯罪研究所
7	社会学	经济快速发展与犯罪率的关系研究	1996-07	郭星华	中国人民大学
8	社会学	城市犯罪综合治理与社会稳定机制研究	1997-04	宋浩波	中国人民公安大学
9	法学	暴力犯罪的社会成因及预防措施	1997-04	张宝义	天津社会科学院
10	法学	金融犯罪研究	1998-05	白建军	北京大学
11	社会学	社会变革时期青少年犯罪的基本特征及社会成因	2000-07	张宝义	天津社会科学院
12	社会学	中国西部民族地区青少年犯罪预防与治理	2001-07	李温	宁夏青少年犯罪研究会
13	社会学	"入世"冲击波对犯罪形态演化影响的社会学整体分析	2002-07	肖剑鸣	福州大学
14	社会学	中国城市化进程中城市移民的犯罪问题研究	2003-08	张宝义	天津社会科学院
15	法学	犯罪心理分析及画像在犯罪防控中的作用	2004-05	李玫瑾	中国人民公安大学
16	法学	重新犯罪防治措施研究	2005-05	翟中东	中央司法警官学院
17	教育学	青少年犯罪心理及其对策研究	2006-01	罗大华	中国政法大学
18	法学	我国弱势群体犯罪问题研究	2007-06	郭建安	司法部预防犯罪研究所
19	社会学	城市外来青少年犯罪与城市社会的关系研究	2008-06	金小红	华中师范大学
20	新闻学与传播学	我国新闻界职务犯罪的成因、控制与预防研究	2009-06	肖峰	中国地质大学（武汉）
21	体育学	我国竞技体育刑事犯罪解决机制研究	2010-06	雷选沛	武汉大学

序号	学科分类	项目名称	立项时间	项目负责人	工作单位
22	法学	社会转型期群体性事件的心理疏导与犯罪防范对策研究	2011 – 07	梅传强	西南政法大学
23	法学	新生代农民工犯罪问题研究	2012 – 05	金诚	浙江警察学院
24	社会学	社会学视野下重新犯罪防控机制研究	2012 – 05	江华锋	中央司法警官学院
25	社会学	现代大众传媒对犯罪新闻信息传播的实证研究	2013 – 06	刘晓梅	天津社会科学院
26	统计学	大数据技术：数据驱动下的警务模式与控制犯罪问题研究	2013 – 06	付艳茹	浙江警官职业学院
27	法学	仇恨犯罪治理研究	2014 – 06	张旭	吉林大学
28	法学	个人极端暴力犯罪的防控与治理研究	2014 – 06	冯卫国	西北政法大学
29	法学	基于犯罪热点制图的城市防卫空间研究	2014 – 06	单勇	浙江工业大学
30	政治学	新疆反暴力恐怖犯罪标本兼治实证调查与法律对策研究	2014 – 06	周伟	四川大学
31	理论经济	收入不平等对刑事犯罪的影响研究	2014 – 06	张向达	东北财经大学
32	社会学	降低重新犯罪危险的新范式研究	2015 – 06	翟中东	中央司法警官学院
33	法学	中国老龄化社会中老年人犯罪的性镜像透视	2015 – 06	王志强	天津商业大学
34	法学	中外惩治腐败刑事法治比较研究——以犯罪学为视野	2015 – 06	赵赤	桂林电子科技大学
35	法学	非公经济组织腐败犯罪统计调查与合作预防模式研究	2016 – 06	张远煌	北京师范大学
36	体育学	体育预防青少年犯罪行为的实证研究	2017 – 06	许昭	山东体育学院
37	管理学	大数据时代互联网涉毒违法犯罪风险预警与防控机制研究	2017 – 06	王玮	中国刑事警察学院
38	新闻学与传播学	社会学习视域下网络媒体的犯罪传播与控制研究	2017 – 06	张东平	上海政法学院
39	法学	扶贫领域腐败犯罪的情境预防研究	2017 – 06	刘伟琦	贵州民族大学
40	法学	西方少年犯罪理论*	2017 – 09	吴宗宪	北京师范大学

*后期资助项目。

犯罪学学科地位的提高也有赖于犯罪学学术研究水平的提高。自 20 世纪 80 年代初期起，一批犯罪学学术期刊和研究机构就陆续创办。

目前，在犯罪学研究中，犯罪类型学研究是热门领域，从 20 世纪 80 年代初至今，已经形成数量可观的研究队伍和大量的研究专著。比较而言，犯罪学学科建设研究相对落后，有一些相关论文和专著章节有所涉及，系统性研究专著鲜有公开出版。

"任何学科的发展都离不开社会实践。受到人们重视，优先得到发展的学科，往往是那些研究社会中最急需解决问题的学科，而囿于传统项目的研究、远离社会实践的学科，难免被冷落。自然科学不谈，仅经济学和法学的持续高'热'与哲学和历史学的冷冷清清所形成的巨大反差，便能说明许多问题。当然，这里有学科特点和国家投资的问题，但也的确存在调整自身的研究角度和研究内容，以适应时代发展需要的问题。在国家尚不富裕时，把钱更多地花在研究急需解决的问题上，是十分自然的"。[1]

总之，犯罪学学科建设会受到各种因素的制约，需要多方面的努力情况才能逐步改善。

第五节 奖项设立

一 犯罪学奖项概述

就国际而言，犯罪学最高奖项为斯德哥尔摩犯罪学奖（Stockholm Prize for Criminology），这可以说是犯罪学界的诺贝尔奖。该奖项于 2005 年设立，由来自美国、瑞典与日本的多个基金会资助，每年 3 名得奖者可分享 150 万瑞典克朗奖金。

2011 年 6 月 13 日至 15 日，斯德哥尔摩犯罪学奖颁奖仪式及学术大会在瑞典斯德哥尔摩市政厅举行。瑞典王后亲自向获奖者颁奖，并在市政厅金色大厅宴请与会代表。此次奖项由美国刑事司法研究院院长、马里兰大

---

① 林耀华主编《民族学通论》（修订本），中央民族大学出版社，1997，第 504 页。

学教授约翰·洛博和哈佛大学讲座教授罗伯特·散普森共同获得。著名美籍华人犯罪学家刘建宏教授应邀出席并作大会主题发言。[①]

在犯罪学研究最为发达的美国，著名的埃德温·萨瑟兰奖（Edwin H. Sutherland Award）由美国犯罪学协会设立。1986 年，著名犯罪学家特拉维斯·赫希获得该奖项。美国犯罪学协会设立的其他奖项还有赫伯特·布洛克奖（Herhert Bloch Award）、奥古斯特·沃尔默奖（August Vollmer Award）等。在日本，设有菊田犯罪学奖。我国至今尚无一项普遍意义上的犯罪学奖项。值得一提的是中国犯罪学学会设立的优秀论文奖。

中国犯罪学研究会在 1997 年 5 月 26 日至 28 日举行全国会员代表大会暨第六届学术研讨会上，评选了研究会成立五年以来的优秀论文，79 篇论文分获一、二、三等奖和优秀奖，一个单位获组织奖，并颁发了获奖证书。

中国犯罪学研究会在 1998 年 5 月 12 日至 15 日举行第七届学术研讨会，评选出优秀论文 60 篇，其中一、二、三等奖和优秀奖分别为 6 篇、14 篇、25 篇、15 篇。

为加强犯罪学的学术研究，鼓励犯罪学研究者多出成果、出好成果，中国犯罪学学会于 2013 年开始设立年度优秀论文奖。中国犯罪学学会学术委员会对每届年会提交的论文评选出优秀论文若干篇，并予以奖励。其中，2013 年，一等奖 2 篇，二等奖 5 篇，三等奖 16 篇。2014 年，一等奖 2 篇，二等奖 5 篇，三等奖 13 篇。2016 年与 2017 年的获奖数量都是一等奖 2 篇，二等奖 5 篇，三等奖 8 篇。2018 年，一、二、三等奖分别是 2 篇、6 篇和 10 篇，并开始设置奖金，分别为 3000 元、2000 元和 1000 元。

二 关于设立康树华犯罪学奖的建议

康树华先生是中国犯罪学学会首任会长，为中国犯罪学学科的建立和创建学会都做出了巨大贡献。以本学科的领军人物命名学科奖项，是各学科设立奖项的惯例。比如，在我国文学领域，设有茅盾文学奖、鲁迅文学奖等重要奖项，对激励文学发展都发挥了积极的作用。以康树华教授的名

---

① 西南政法大学毒品犯罪与对策研究中心，http://dcppc.swupl.edu.cn/jdxw/138316.htm.

字命名犯罪学奖项，既是发展犯罪学的需要，也是对康老的纪念。

　　具体来说，可以设立终身成就奖，每 5～10 年评选一次。设立新人奖或年度人物奖、著作奖、论文奖，每年评选一次。新人奖或年度人物奖每年的名额为 1～3 名，著作奖的名额为每年 1～3 部，论文奖的名额为每年不超过十篇。

　　并且，可以设立犯罪学奖励基金，征集校友及社会公益人士资助。并可参照亚洲预防犯罪基金会的运作模式。

　　1982 年，亚洲预防犯罪基金会成立，是一个为联合国所承认的一级非政府组织，也是迄今为止亚洲地区刑事司法领域唯一的洲际非政府组织。该会的宗旨是，通过援助项目和开展相关活动，促进亚太地区各个国家和地区实现"无犯罪的繁荣"。亚洲预防犯罪基金会第八届国际大会 2000 年 10 月在北京召开。这次大会以"刑事司法与犯罪预防——迎接二十一世纪的挑战"为主题，时任全国人大常委会委员长的李鹏同志在开幕式上发表讲话。

第五章　犯罪学的人才培养

一门学科是否体现其应有的存在价值，往往反映在教育要求上。犯罪学的学历教育与教学资源的配置，对于提高人才培养质量、促进高等教育与经济社会的紧密结合，都具有十分重要的意义。犯罪学的学历教育可以划分为三大部分，即本科教育、硕士研究生教育和博士研究生教育。

第一节　本科教育

一　犯罪学本科教育院校及课程设置

1982 年，中国政法大学开始开展犯罪学学科的教学与研究。1984 年首次在本科生中开设犯罪学课程。1985 年编写了《犯罪学大纲》，1989年主编了《犯罪学》本科教材，并于 1993 年再版。1997 年编写和出版了教材《犯罪学教程》。①

2005 年，中国人民公安大学犯罪学系开办了目前全国高校唯一在办的犯罪学专业本科，文理兼收，学制 4 年，授予法学学士学位。该校将犯罪学本科专业教育定位为，培养适应社会主义和谐社会建设需要，掌握马克思主义基本原理，政治坚定，具有良好职业素养、科学素质和人文素养，熟悉党和国家的路线、方针、政策，掌握本专业基础理论、基本知识与基本技能，具备开展违法犯罪矫治矫正、群众工作及犯罪预防、公安民

---

① 魏平雄、赵宝成等主编《犯罪学教科书》（第二版），中国政法大学出版社，2008，编写说明第 1 页。

警心理健康工作的职业核心能力和创新精神，能够在公安派出所从事社区矫正、犯罪预防、纠纷调解等工作，在公安监管场所从事违法犯罪人员的矫治矫正工作，在公安政工部门从事民警心理健康工作，以及在其他政法机关从事相关工作的应用型高级专门人才。

犯罪学本科专业由于目前只有一所高校开设，故课程设置不存在比较的问题。中国人民公安大学犯罪学本科专业的主要课程有：犯罪学原理、西方犯罪学、刑事政策学、犯罪被害人学、社区矫正实务、公安监所管理、基础心理学、社会心理学、变态心理学、犯罪心理学、犯罪心理测试技术、警察心理咨询、社会学概论、社会工作实务、社会调查与研究方法、公安学基础、公安群众工作、公安情报工作概论、公安信息系统应用、刑事案件侦查、侦查讯问学、刑事科学技术概要、治安管理学、治安案件查处、警察体能与防卫控制、警用射击与战术基础、刑法学、刑事诉讼法学等。并且，中国人民公安大学在治安学本科专业中开设犯罪学课程。

显然，我国目前开设犯罪学专业本科教育的高校过少。今后，犯罪学专业本科教育不能仅仅依靠中国人民公安大学一所高校，应该进一步向全国推广。尤其是公安类、政法类院校应该积极开展犯罪学专业本科教育。

二 犯罪学教学机构

"学系是一个学科赖以存在的基础，是一门学科制度化的标志，也是知识生产和人才培养的摇篮，因此，建立犯罪学系或设置犯罪学专业是建立犯罪学知识生产基地和人才培养的最主要途径，是生产犯罪学产品的工厂。"[1] 高校是促进犯罪学学科发展的重要阵地。犯罪学教学机构分为犯罪学学院、犯罪学系、犯罪学教研室等。

早在1959年，英国剑桥大学就成立了犯罪学学院，它是全球有很大影响的犯罪学研究与教学实体之一，前身是"二战"中建立的剑桥大学法学院犯罪科学系。这个机构曾经是全欧洲的第一个有关犯罪学研究与教学的机构。

目前，我国高校中仅有一个犯罪学院的建制，即中国人民公安大学犯

---

① 靳高风：《中国犯罪学学科建设和发展方向探讨》，《中国人民公安大学学报》（社会科学版）2007年第5期。

罪学学院，该学院是 2013 年 3 月由犯罪学系更名而来，它集教学、科研、服务于一体，不仅开展研究生、本科生、专科生的教学工作，还开展与公安工作密切相关的科学研究工作及为公安实战服务工作。中国人民公安大学犯罪学系的前身公安业务基础课教研部始建于 1984 年。经公安部政治部批准，1986 年开始对外称公安学研究所（1992 年开始下设心理测试中心）。公安业务基础课教研部于 1999 年成立犯罪学研究所，2005 年春改称犯罪学系。

1985 年，华东政法学院创建新中国第一个犯罪学系，首任系主任为武汉教授，1992 年改建为刑事司法系，2003 年更名为刑事司法学院。在中国人民公安大学犯罪学系升格为犯罪学学院后，我国大陆目前尚无在办犯罪学系的教学机构建制。不过，我国台湾"中央警察大学"于 1967 年 9 月设立犯罪预防学系，1974 年 7 月该系与狱政学系合并，成立犯罪防治学系。

我国高校中犯罪学教学建制以犯罪学教研室为主，但犯罪学教研室的数量也十分有限，主要集中在政法、公安类院校。

犯罪学教学机构是开展犯罪学教学、科研和服务社会的最主要的依托组织之一，也是提高犯罪学学科地位的关键环节。我国高校应当尽快弥补"犯罪学系"断档的缺憾，首先在政法、公安类院校的刑事司法学院设立犯罪学系。其他设置刑事司法学院的高校以及拥有刑法学硕士点授予权的高校都应当设置犯罪学教研室。

表 5-1 犯罪学教学机构概览

序号	机构名称
1	中国人民公安大学犯罪学学院
2	中国政法大学刑事司法学院青少年犯罪教研室
3	中南财经政法大学刑事司法学院刑事政策教学与研究中心犯罪学教研室
4	华东政法大学刑事司法学院犯罪学教研室
5	中央司法警官学院监狱学系犯罪学教研室
6	上海政法学院刑事司法学院犯罪学教研室
7	广东警官学院治安保卫系犯罪学教研室
8	湖北警官学院侦查系犯罪学教研室
9	西北政法大学公安学院犯罪心理学教研室
10	台湾"中央警察大学"犯罪预防学系

三　犯罪学课程开设院校

西南政法大学有三个本科专业开设了犯罪学相关课程，即在侦查学本科专业中开设了犯罪心理学、犯罪学课程，在刑事科学技术本科专业中开设了犯罪学课程，在法学（应用技术本科）专业中开设了犯罪心理学课程。

华东政法大学刑事司法学院，为本科生和研究生开设犯罪学、犯罪心理学、国际犯罪与对策、涉外犯罪概论、西方犯罪学理论流派、犯罪社会学、比较犯罪学、被害人学等课程。主讲教师有邱格屏教授、陈和华教授、张筱薇教授等。

中南财经政法大学刑事司法学院侦查学、治安学、边防管理专业中开设了犯罪学、犯罪心理学课程。

甘肃政法学院公安分院（刑事司法学院）侦查学、治安学本科专业中开设犯罪学课程。

山东警察学院侦查学本科专业开设犯罪学课程。

第二节　硕士教育

1984 年华东政法学院建立全国首个犯罪学硕士点。

1997 年，中国人民公安大学开始犯罪学专业的硕士研究生教育，随后开展了犯罪心理学、犯罪社会学等专业的硕士研究生教育。[①] 北京大学、中国人民大学、中国政法大学、北京师范大学等院校都招收犯罪学方向的研究生。

1981 年，西南政法大学开始招收刑法专业犯罪学研究方向的硕士研究生，开设犯罪学、犯罪心理学等课程。本方向主要特色：（1）既重视基本理论研究，更注重实践研究。本方向人员除了对犯罪学的基本理论问题进行深入探讨外，还非常重视预防犯罪的对策研究，尤其是对治理青少年犯罪和刑事政策的完善等问题进行了深入研究。（2）在研究方法上，既重视理论思辨，更重视科学实证研究。本方向研究人员多次深入监狱、

---

① 宋浩波、靳高风主编《犯罪学》，复旦大学出版社，2009，序第 3 页。

少管所、工读学校，以及派出所、法院、街道办事处等单位开展大量的调查研究和实证分析，获得了大量的关于犯罪现状和典型案例的第一手资料，在此基础上所提出的预防对策针对性、适用性较强。（3）多学科协同作战，开展综合性研究。由于犯罪现象是综合性的社会问题，所以，本方向人员非常重视与其他专业、其他单位一起开展跨地区、跨学校、跨专业的多学科研究。例如，开展东西部犯罪现象的比较研究，组织刑法学、犯罪学、犯罪心理学、社会心理学、社会学、生物学等不同学科的专家、学者一起对我国当前的犯罪态势和犯罪原因进行系统研究。

西南政法大学法学院刑法学专业招收犯罪学、毒品犯罪与治理对策研究方向硕士研究生。

西南政法大学刑事侦查学院警察科学专业招收犯罪预防与控制研究方向硕士研究生，复试中的笔试，犯罪学专业课占三分之一权重。

华东政法大学刑事司法学院硕士研究生招生公安法学专业设置了犯罪学研究方向，参考书目为张远煌教授所著的《犯罪学》。

中南财经政法大学刑事司法学院在刑法学硕士研究生招生专业中设置了犯罪与刑事政策学研究方向。

甘肃政法学院刑法学硕士专业设置了犯罪学、刑事政策学等学科研究方向，在诉讼法学专业设置了犯罪心理测试技术研究方向，复试环节有犯罪心理学笔试科目。

清华大学硕士研究生招生专业中没有犯罪学研究方向，但是，法学院刑法学专业复试时专业综合科考试内容中，犯罪学与外国刑法学共占40%，中国刑法学占60%。

中国政法大学刑事司法学院在刑法学硕士生招生专业下设置了犯罪与犯罪心理学研究方向。

1993年，中国政法大学刑法学专业硕士点开设了犯罪心理学专业方向。1999年，中国人民公安大学开设了应用心理学专业硕士点，招收犯罪心理学专业方向研究生。2004年，中国政法大学设立了应用心理学专业硕士点，招收犯罪心理学等专业方向的硕士研究生，并同时开始招收犯罪心理学专业方向的博士研究生。2008年，甘肃政法学院开始招收犯罪心理测试专业方向硕士生。

第三节 博士教育

博士生教育是犯罪学专业最高层次的教育。博士后则不是学历教育，而是一种学术经历。1987 年北京大学成立了犯罪问题研究中心，同年开设了犯罪学课程，并招收了硕士研究生，从 1991 年开始招收博士研究生。1992 年开始北京大学为法学研究生开设了《比较犯罪学》课程。[①]

一 招收犯罪学研究方向博士研究生的部分高校及导师

表 5 - 2 招收犯罪学研究方向博士研究生的部分高校及导师

序号	招生单位及专业	导师	研究方向
1	北京大学法学院,刑法学*	白建军	关系犯罪学
2	中国人民大学法学院,刑法学	张小虎	犯罪社会原因与对策
3	北京师范大学刑事法律科学研究院,刑法学	吴宗宪	犯罪学
4		张远煌	
5	中国政法大学刑事司法学院,刑法学	杨波	犯罪心理学
6		马皑	
7	中国人民公安大学,犯罪学	王大为	犯罪社会学
8		李玫瑾	犯罪心理学
9		靳高风	犯罪学
10		张纯珇	
11		梅建明	
12		李春雷	
13	西南政法大学法学院,刑法学	李永升	犯罪学、毒品犯罪与对策
14		梅传强	
15		石经海	
16		袁林	
17		王利荣	
18		陈伟	
19		姜敏	

---

① 康树华主编《比较犯罪学》，北京大学出版社，1994，第 2 ~ 3 页。

续表

序号	招生单位及专业	导师	研究方向
20	华东政法大学刑事司法学院,公安法学	邱格屏	犯罪学
21	武汉大学法学院,刑法学	何荣功	犯罪学与刑事政策学
22	中南财经政法大学刑事司法学院,刑法学	齐文远、王良顺、徐立	犯罪学
23	南京大学法学院,法学	狄小华	犯罪学
24	云南大学法学院,刑法学	吴大华	犯罪学
25	鲁东大学教育科学学院,教育学	毕宪顺	犯罪青少年的矫正与管理
26		苏春景	
27		姚建龙	
28		张香兰	
29		章恩友	
30		黄伟明	
31		张济洲	
32		孟维杰	
33		王惠萍	
34		郑淑杰	
35		刘丙元	

＊康树华教授等都曾经招收犯罪学方向博士生。

中国政法大学刑事司法学院在刑法学博士生招生专业下设置了犯罪心理学研究方向,博士生指导教师有杨波教授[1]、马皑教授等。该校很多年以前就开始招收犯罪学、犯罪心理学研究方向的博士生,博士生指导教师有王牧教授、罗大华教授、乐国安教授等。

华东政法大学刑事司法学院在公安法学博士生招生专业设置了犯罪学研究方向,博士生指导教师有邱格屏教授等。不过,2016 年开始,在公安法学专业下设置的研究方向还是公安法学。但是,普通招考初试也有犯罪学科目。

---

[1] 中国政法大学 2017 年招收博士后人员专业目录中,刑事法学院刑法学专业下设置了两个犯罪心理学相关课题:司法文明创新下的诈骗犯循证矫正研究、暴力犯循证矫正项目研发,并且要求专业符合心理学和法学交叉背景。指导教师有杨波教授等。

146

中南财经政法大学刑事司法学院在刑法学博士生招生专业下设置了犯罪学研究方向，博士生指导教师有齐文远教授、王良顺教授、徐立教授等。

二　犯罪学相关博士论文名录①

表 5 - 3　犯罪学相关博士论文名录

序号	博士论文题目	专业	作者	院校	年份	导师
1	女性犯罪者的人格、应付方式、情境因素与犯罪行为的研究	基础心理学	杨慧芳	华东师范大学	2003	孔克勤
2	犯罪心理生成机制研究	刑法学	梅传强	西南政法大学	2004	陈忠林
3	中国白领犯罪研究	刑法学	唐永军	吉林大学	2005	王牧
4	竞技体育犯罪研究——以犯罪学为视角	刑法学	罗嘉司	吉林大学	2006	张旭
5	犯罪被害人二次被害研究	刑法学	王志华	中国政法大学	2006	乐国安
6	论犯罪学的基本问题	刑法学	靳高风	中国政法大学	2007	王牧
7	公司犯罪及其治理——我国公司犯罪基本问题研究	刑法学	丁英华	中国政法大学	2007	王牧
8	对犯罪人本质特征的思考	刑法学	马皑	中国政法大学	2007	罗大华
9	犯罪的文化研究——从文化的规范性出发	刑法学	单勇	吉林大学	2007	张旭
10	犯罪被害人保护体系之研究	诉讼法学	谢协昌	中国政法大学	2007	何秉松
11	犯罪青少年心理健康的家庭生态系统研究	科学技术哲学	王海英	吉林大学	2007	葛鲁嘉
12	成年人犯罪动机的生成与发展——以心理学的视角	刑法学	郑莉芳	中国政法大学	2008	乐国安
13	美国社区矫正与犯罪刑罚控制的演变史研究——兼对我国的借鉴与反思	法律史	刘强	华东政法大学	2008	何勤华
14	中国当代大学生犯罪原因研究——基于"社会腱"视角的分析	教育经济与管理	吴殿朝	华中科技大学	2008	周光礼
15	知识产权犯罪研究——主要从犯罪学视角	刑法学	高晓莹	中国政法大学	2009	王牧
16	犯罪动机与人格	刑法学	刘建清	中国政法大学	2009	罗大华
17	经济发展与犯罪关系研究	农业经济管理	田鹤城	西北农林科技大学	2009	万广华

① 除了在个别院校外，犯罪学并不是一个独立招生专业，主要作为刑法学、诉讼法学等专业的研究方向。本数据主要来源于中国知网中国博士学位论文全文数据库。

续表

序号	博士论文题目	专业	作者	院校	年份	导师
18	犯罪学视野下的越轨行为研究	刑法学	谭远宏	吉林大学	2010	张旭
19	马克思主义犯罪学思想研究	马克思主义基本原理	刘耀彬	南京航空航天大学	2010	朱进东
20	中国转型期流动人口犯罪研究	人口学	张清郎	西南财经大学	2010	姜玉梅
21	犯罪被害人国家补偿制度基本问题研究	刑法学	董文蕙	西南政法大学	2010	刘家琛
22	城市"易犯罪"空间研究	建筑学	马瑞	清华大学	2010	朱文一
23	当代中国犯罪学研究——一种知识社会学的分析	社会学	岳平	上海大学	2011	李瑜青
24	行政犯理论的犯罪学研究	刑法学	张小霞	中国政法大学	2011	王牧
25	竞技体育犯罪法律治理研究	体育人文社会学	张彩红	北京体育大学	2011	谢琼桓
26	长春市犯罪空间分析及规划管理防控	城市与区域规划	刘大千	东北师范大学	2012	修春亮
27	青少年暴力犯罪:危险因素与发展资源的作用机制	发展与教育心理学	常淑敏	山东师范大学	2013	张文新
28	越轨社会学视域下的大学生犯罪问题研究	思想政治教育	刘晓善	大连理工大学	2013	洪晓楠
29	暴力犯罪心理成因及防治研究	刑法学	李欣	吉林大学	2014	张旭
30	符号互动理论视野下的犯罪原因研究	刑法学	王晓滨	吉林大学	2015	张旭
31	城镇化进程中的犯罪问题实证分析	刑法学	常宇刚	西南政法大学	2015	高维俭
32	刑事政策场域中的犯罪被害人研究	刑法学	宣刚	南京师范大学	2015	蔡道通
33	中小学校园犯罪防控研究	刑法学	刘猛	武汉大学	2015	王晨;康均心
34	竞技足球犯罪中的被害人研究	体育法学	刘莉	武汉大学	2015	康均心
35	环境犯罪预防论	刑法学	邓琳君	华南理工大学	2015	吴大华
36	青少年犯罪预防与矫正研究——以道德思维理论为基础	教育学	段炼炼	鲁东大学	2016	毕宪顺
37	青少年犯罪预防关怀本体论	教育学	孔海燕	鲁东大学	2017	毕宪顺
38	男性青少年暴力攻击犯罪社会影响因素及遗传易感性研究	儿少卫生与妇幼保健学	常红娟	华中科技大学	2017	余毅震
39	社会抗争理论视域下中国仇恨犯罪的治理研究	刑法学	施鑫	吉林大学	2018	张旭
40	生涯犯罪人犯罪生涯维持机制研究	政治学理论	孔一	浙江大学	2018	毛丹

第四节　课程建设

借用一句歌词，有妈的孩子是块宝，没妈的孩子是根草。一个学科如果有个好"娘家"，则非常有利于该学科发展。比如，社会学的"娘家"是民政部，民族学的"娘家"是民委，公安学的"娘家"是公安部，这些学科的毕业生都有各自的就业去向。法学的"娘家"最多，最高人民法院、最高人民检察院、公安部、国家安全部、司法部、全国人大法工委等都是法学的"娘家"，所以法学门类中的法学一级学科发展得最为繁荣昌盛，二级学科众多。有了好"娘家"，该学科的毕业生就业的选择面就很宽。例如，刑法学专业的毕业生主要就业去向是做刑事辩护律师、刑事审判法官、刑事公诉检察官、刑警等。

既然官方将犯罪学划归公安学，那么犯罪学也就找到了自己的"娘家"——公安部。学科有了主导部门，生存与发展就初步有了着落。然而，尽管犯罪学是一门独立的学科，但学科地位长期以来都非常低微。犯罪学非但不是法学专业的必修课程，甚至都进入不了很多知名高校的选修课名单里。

实际上，作为犯罪学课程建设依托之一的教材建设已经取得了一定成就。目前，有多种犯罪学教材被纳入普通高等教育"十一五"国家级规划教材，数量可谓不少。我国每年培养的刑法学、犯罪学博士毕业生也很多，可以为高校输送犯罪学任课教师资源。关键问题是，很多高校不设置犯罪学课程，正可谓巧妇难为无"灶"之炊。

"法学院校的教学计划应当给犯罪学以适当的定位，并在科研经费上给予适当的扶持。"[①] 我们也寄希望于犯罪学的"娘家"公安部尽快与教育部协调，将犯罪学列入法学、社会学、心理学等专业的选修课，并列入刑事法学、公安学等专业的必修课。从而，让"犯罪学"课程深入人心，以发挥其最大的社会功能。犯罪学课程建设需要一场自上而下的"革

---

① 赵宝成：《犯罪学的价值和功用——兼谈犯罪学的学科建设》，《江西公安专科学校学报》2007 年第 6 期。

命"，有了这个孤手，将有利于犯罪学学科地位提升。

从学术研究角度讲，犯罪学还有其他"娘家"可以依靠。中国预防青少年犯罪研究会以及该类研究会的省级组织都挂靠在团委系统。中国犯罪学学会挂靠在国家检察官学院。所以说共青团、检察系统也可以视为犯罪学的"娘家"。犯罪学"娘家"众多，则理应得到更多的呵护。

研究与教学是相互促进的。犯罪学研究有助于犯罪学理论提升并更好地指导实践。犯罪学教学工作则巩固了犯罪学理论，传授了犯罪学研究方法，培养了犯罪学人才。如果犯罪学的"娘家"能够联合起来，则犯罪学的昌盛就不会遥远了。

表 5-4　普通高等教育国家级规划教材（犯罪学课程）

序号	书名	作者	出版社	出版时间
1	犯罪学	许桂敏主编	郑州大学出版社	2017-09
2	犯罪学（第四版）	康树华、张小虎主编	北京大学出版社	2016-12
3	新犯罪学（第三版）	王牧主编	高等教育出版社	2016-03
4	犯罪学（第四版）	许章润主编	法律出版社	2016-01
5	犯罪学（第三版）	张远煌主编	中国人民大学出版社	2015-04
6	犯罪心理学（第三版）	罗大华,何为民主编	中国政法大学出版	2016-01
7	犯罪心理学（第三版）	梅传强主编	中国法制出版社	2014-07
8	犯罪心理学	陆时莉、魏月霞主编	高等教育出版社	2007-07
9	犯罪社会学	吴鹏森著	社会科学文献出版社	2008-11

附录一　学人录[*]

（按姓氏拼音排序）

B

1. 白建军①

C

2. 陈和华②

3. 储槐植③

D

4. 戴宜生④

---

* 说明：本名录仅包括中国内地部分犯罪学研究、教学人员。1978 年中国开启改革开放之路，我国犯罪学学科也开始恢复重建。40 年披荆斩棘，犯罪学人砥砺奋进。本学人录中的 40 位专家学者在犯罪学领域具有一定的代表性和影响力。

① 白建军（1955～　），法学博士，北京大学法学院教授，著有《犯罪学原理》（中国现代出版社 1992 年版）、《罪刑均衡实证研究》（同名博士毕业论文获 2005 年全国优秀博士论文奖，法律出版社 2004 年版）、《关系犯罪学》（中国人民大学出版社 2014 年第三版）、《罪·恶罪与恶的人性洗礼》（中国人民大学出版社 2015 年版）等。在《中国社会科学》、《中国法学》、《法学研究》等期刊独立发表论文若干。主持国家社科基金项目"金融犯罪研究"（1998 年）等。

② 陈和华（1961～　），华东政法大学刑事司法学院教授，多次获华东政法大学"我心目中的最佳教师"称号。合著《刑事心理学》（法律出版社 1999 年版）、《刑事司法学》（方正出版社 2004 年版），主编《刑事心理学新编》（北京大学 2009 年版）、《犯罪心理学》（北京大学出版社 2016 年版）。

③ 储槐植（1933～　），北京大学法学院资深教授。主要学术研究领域为犯罪学、监狱学和刑事政策学等，形成了以刑事一体化理论为核心的极具学术标签意义的学术思想。著有文集《刑事一体化论要》（北京大学出版社 2007 年版），主编《犯罪场论》（重庆出版社 1996 年版），合著《犯罪学》（法律出版社 1997 年版）等。

④ 戴宜生（1928～　），公安部公共安全研究所研究员、原所长，曾任中国青少年犯罪研究会副会长，著有《治安策论》（重庆出版社 1994 年版）等。

5. 狄小华①

6. 杜雄柏②

F

7. 冯树梁③

G

8. 郭建安④

9. 郭翔⑤

K

10. 康树华⑥

---

① 狄小华（1963～　　），法学博士，南京大学法学院教授，中国心理学会法律心理学专业委员会副主任委员。合著《罪犯心理学》（金城出版社 2003 年版）等。

② 杜雄柏（1955～　　），湘潭大学法学院教授，著有《传媒与犯罪》，中国检察出版社，2005。

③ 冯树梁（1932～　　），司法部预防犯罪研究所研究员，原副所长，曾任中国犯罪学研究会副会长。2002 年被中国犯罪学研究会授予"十年犯罪学杰出贡献奖"。著有《论预防犯罪》（法律出版社 2008 年版）、《中国犯罪学话语体系初探》（法律出版社 2016 年版），编著《中国刑事犯罪发展十论》（法律出版社 2010 年版）等。

④ 郭建安（1961～　　），曾任司法部预防犯罪研究所所长、研究员。主编《犯罪被害人学》（北京大学出版社 1997 年版），译著《实证派犯罪学》（〔意〕恩里科·菲利著，商务印书馆 2016 年版）、《犯罪社会学》（〔意〕恩里科·菲利著，商务印书馆 2017 年版），联合选编《当代国外犯罪学研究》（第一集，中国人民公安大学出版社 1991 年版）等。曾任《犯罪与改造研究》期刊主编。主持国家社科基金项目"我国弱势群体犯罪问题研究"（2007 年）。

⑤ 郭翔（1934～　　），中国政法大学教授，曾任中国青少年犯罪研究会第四届理事会会长、中国犯罪学研究会副会长。著有《犯罪与治理论》（中华书局 2002 年版），主编《犯罪学词典》（上海人民出版社 1989 年版）等。

⑥ 康树华（1926～2014），原名康德华，黑龙江绥化人，北京大学法学院教授，中国当代犯罪学主要奠基人之一，曾任北京大学犯罪问题研究中心主任、中国犯罪学学会首任会长（1992 年至 2002 年）。著有《犯罪学：历史·现状·未来》（群众出版社 1998 年版），主编《犯罪学大辞书》（甘肃人民出版社 1995 年版）、《犯罪学通论》（北京大学出版社 1992 年版）、《全面建设小康社会进程中犯罪研究》（北京大学出版社 2005 年版）、《犯罪学》（第四版，北京大学出版社 2016 年版，第二主编张小虎）、《比较犯罪学》（北京大学出版社 1994 年版）。编著《国外青少年犯罪及其对策》（北京大学出版社 1985 年版）等。

L

11. 李玫瑾①

12. 刘灿璞②

13. 刘晓梅③

14. 罗大华④

M

15. 马皑⑤

---

① 李玫瑾（1958～　），女，中国著名犯罪心理学家，中国人民公安大学教授，中国心理学会理事、中国心理学会法律心理学专业委员会副主任委员，2012年当选为中国共产党第十八次全国代表大会代表。著有《犯罪心理研究：在犯罪防控中的作用》（修订版，中国人民公安大学出版社2010年版），译著《犯罪心理学》（第11版，〔美〕柯特·R.巴托尔等著，中国轻工业出版社2017年版）、《地理学的犯罪心理画像》〔〔美〕迪·金·罗斯姆（D. KimRossmo）著，中国人民公安大学出版社2007年版〕等。

② 刘灿璞（1929～2011），上海政法学院教授，曾任中国犯罪学研究会副会长，著有新中国大陆的第一部犯罪学教材，即《当代犯罪学》（群众出版社1986年版，1984年曾以《犯罪学》为书名，由江西省心理学会法制心理专业委员会内部印行）。

③ 刘晓梅（1972～　），女，社会学博士，天津工业大学法学院教授。兼任亚洲犯罪学会执行委员、中国犯罪学学会副会长、天津市法学会犯罪学分会执行会长兼秘书长。主要著作：独著《法律、社会与犯罪——迪尔凯姆法律社会学与犯罪学思想研究》（知识产权出版社2005年版），主编《城市犯罪及其防控研究——基于天津市的调查》（天津社会科学院出版社2012年版），合译《解读犯罪预防：社会控制、风险与后现代》（中国人民公安大学出版社2009年版）。并著有论文集《犯罪学评论》（社会科学文献出版社2017年版）。主持国家社科基金项目"现代大众传媒对犯罪新闻信息传播的实证研究"（2013年）。

④ 罗大华（1936～2015），新中国犯罪心理学的主要奠基人之一，中国政法大学教授。1983年至2010年任中国心理学会法制心理专业委员会主任。主编《犯罪心理学》（新中国第一本犯罪心理学教材，中国政法大学1982年内部印行，群众出版社1983年版）、《法制心理学词典》，合著《犯罪心理学》（台湾东华书局、浙江教育出版社分别出版），译著《犯罪心理学入门》等。主持国家社科基金项目"青少年犯罪心理及其对策研究"（2006年）。

⑤ 马皑（1960～　），法学博士，中国政法大学社会学院教授，中国心理学会理事、中国心理学会法律心理学专业委员会（第十一届）主任。著《犯罪人特征研究》（法律出版社2010年版）、合著《犯罪心理学》中国人民大学出版社2015年版）、主编《犯罪心理学（第二版）》（中国人民大学出版社2016年版）、译著《犯罪行为与心理（第二版）》（中国政法大学出版社2015年版）。主持国家社科基金项目"维护稳定过程中不同社会群体心态研究"（2016年）。

16. 梅传强①

17. 莫洪宪②

P

18. 皮艺军③

Q

19. 邱国梁④

S

20. 宋浩波⑤

---

① 梅传强（1965～ ），西南政法大学教授。著有《犯罪心理生成机制研究》（中国检察出版社2008年版），主编《犯罪心理学》（第三版，法律出版社2017年版）等。主持国家社科基金项目"社会转型期群体性事件的心理疏导与犯罪防范对策研究"（2011年）。

② 莫洪宪（1954～ ），武汉大学法学院教授，曾任中国犯罪学学会副会长。主编《犯罪学概论》（修订本，人民法院出版社2003年版）。主持国家社科基金项目"重大刑事案件趋升的原因和对策"（1999年）等。

③ 皮艺军（1950～ ），中国政法大学教授，著有《越轨》（北京大学出版社2013年版）、《犯罪学研究论要》（中国政法大学出版社2001年版）、《人类性越轨探源——性越轨的社会学解析》（长征出版社2000年版）、《在天使与野兽之间：犯罪的童话》（法学解读小说，贵州人民出版社1999年版），主编《大融合：和谐共生的社会生态·以永城市社会治安防控为样本（2008～2012）》（中国人民公安大学出版社2012年版）、《越轨社会学概论》（中国政法大学出版社2004年版），合著《犯罪心理学》（群众出版社1983年版）等。《青少年犯罪问题》双月刊专栏主编。

④ 邱国梁（1942～ ），上海大学法学院教授，著有《犯罪动机论》（法律出版社1988年版）、《犯罪学》（上海社会科学院出版社1989年版）、《马克思主义犯罪学》（上海社会科学院出版社1998年版），主编《女性违法犯罪》（群众出版社1992年版）、《犯罪与司法心理学》（中国检察出版社1998年版）、《刑法典中性犯罪的犯罪学研究》（上海大学出版社2001年版），论文集有《犯罪心理学的理论与运用研究》（群众出版社2005年版）等。

⑤ 宋浩波（1937～ ），中国人民公安大学教授，2006年被评定为犯罪学专业部级津贴专家。著有《犯罪学原理》（中国人民公安大学出版社2001年版）、《犯罪经济学》（中国人民公安大学出版2002年版）、《犯罪社会学》（中国人民公安大学出版社2005年版）等，主编《犯罪学理论研究综述》（群众出版社1998年版）、《犯罪学》（全国高等教育自学考试公安管理专业指定教材，中国人民公安大学出版社2008年版）、《犯罪学》（复旦大学出版社2009年版），论文集有《人性与犯罪——宋浩波犯罪学论文选编》（中国人民公安大学出版社2016年版）等。主持国家社科基金项目"城市犯罪综合治理与社会稳定机制研究"（1997年）。

21. 孙雄①

W

22. 王大为②
23. 王牧③
24. 吴鹏森④
25. 吴宗宪⑤
26. 武汉⑥

---

① 孙雄（1895~1939），字拥谋，湖南平江人。历任湖南长沙监狱管狱员，青浦县公安局职员，湘桂联军总司令部参谋，江苏第一监狱、第三监狱科长，上海、长沙等地方法院看守所所长，上海第二特区监狱典狱长兼上海第二特区地方法院看守所所长，上海法政学院监狱专修科主任，上海震旦、东吴、持志等大学教授等职。著有《犯罪学研究》（中华书局 1939 年版）、《监狱学》（商务印书馆 1936 年版）等。

② 王大为（1959~ ），中国人民公安大学教授、副巡视员，2006 年被评定为犯罪学专业公安部部级津贴专家，中国犯罪学学会副会长，中国社会学会犯罪社会学专业委员会第二任会长，主持的"犯罪学"课程被评为国家级精品课程。

③ 王牧（1941~ ），吉林乾安人，中国著名犯罪学家。曾任吉林大学法学院院长、中国政法大学刑事司法学院院长，中国犯罪学学会第二任会长（2002 年至 2012 年）。主编《新犯罪学》（第三版，高等教育出版社 2016 年版）、《中日犯罪学之比较研究：中日犯罪学学术研讨会论文集》（1-4）（中国检察出版社 2011 年版），主编中国犯罪学学会会刊《犯罪学论丛》（第一至八辑）。主持国家社科基金项目"当前我国刑事犯罪急剧增多的原因与对策研究"（1995 年）。

④ 吴鹏森（1957~ ），上海政法学院教授，中国社会学年会犯罪社会学专业委员会首任会长。著有《犯罪社会学》（社会科学文献出版社 2008 年版）。主持国家社科基金项目若干。

⑤ 吴宗宪（1963~ ），法学博士，北京师范大学刑事法律科学研究院二级教授，中国犯罪学学会副会长，中国预防青少年犯罪研究会副会长，我国犯罪学界最勤奋、最高产的学者之一。著有《西方犯罪学史》（第二版，四卷本，中国人民公安大学出版社，2010 年）、《西方犯罪学》（法律出版社 2006 年第二版），编《英汉犯罪学词典》（中国人民公安大学出版社，2007），主编《法律心理学大辞典》（警官教育出版社，1994），译著《犯罪人：切萨雷·龙勃罗梭犯罪学精义》（〔意〕费雷罗著，中国人民公安大学出版社，2009）。主持国家社科基金项目"中国社区矫正规范化研究"（2012 年），获得国家社科基金后期资助项目（"西方少年犯罪理论"，2017 年），入选国家社科基金成果文库项目（《社区矫正比较研究》，2010 年）等。

⑥ 武汉（1921~2000），华东政法大学教授，创建我国第一个犯罪学系、犯罪学学会。1982 年被联合国经社理事会选为联合国预防和控制犯罪委员会第一位中国委员。主编《犯罪学概论》（中国政法大学出版社 1993 年版）。

X

27. 夏吉先①

28. 徐建②

Y

29. 闫立③

30. 严景耀④

31. 杨波⑤

Z

32. 张荆⑥

---

① 夏吉先（1939～ ），华东政法大学教授。著有《刑事源流论》（法律出版社 2005 年版），编著《未罪学：预防犯罪新学科结构探索》（四川大学出版社 2017 年版）。

② 徐建（1934～ ），华东政法大学功勋教授，中国青少年犯罪研究会第四届理事会会长。主编《青少年犯罪学》（上海社会科学院出版社，1986），主持国家社科基金项目"青少年犯罪问题研究"（1996 年）。

③ 闫立（严励）（1954～ ），2002 年获得吉林大学法学博士学位，上海政法学院终身教授，曾任副校长，中国犯罪学学会副会长。著有《中国刑事政策的建构理性》（中国政法大学出版社，2010）、《刑事一体化视野中的犯罪研究》（北京大学出版社，2010），合著《犯罪文化学》（中国人民公安大学出版社，1996）、《中国刑事政策原理》（法律出版社，2011）。主持国家社科基金项目"中国刑事政策的理性建构"（2004 年）等。

④ 严景耀（1905～1976），中国著名犯罪社会学家，先后任燕京大学、北京大学、中国政法大学教授，历任全国人大第一、二、三届代表。1934 年获美国芝加哥大学博士学位（犯罪学）。博士论文《中国的犯罪问题与社会变迁的关系》（英文），1986 年由金陵女子文理学院社会学家吴祯教授译成中文，北京大学出版社于同年出版，并著有《严景耀论文集》（开明出版社 1995 年版）。

⑤ 杨波（1965～ ），心理学博士，中国政法大学社会学院教授。主编《犯罪心理学》（高等教育出版社，2015）、合译《犯罪心理学》（第 7 版，中国轻工业出版社，2009）。主持国家社科基金项目"司法文明创新下的诈骗犯循证矫正体系建构研究"（2015 年）。

⑥ 张荆（1957～ ），2002 年获日本一桥大学法学博士，北京工业大学人文社会科学学院法律系教授，兼任亚洲犯罪学学会常委，多次受邀担任中央电视台《今日说法》栏目点评嘉宾。著有《来日外国人犯罪》（日文版，2003 年，获日本 2005 年度第六届菊田犯罪学奖）、《现代社会的文化冲突与犯罪》（知识产权出版社 2009 年版）等，主编《海峡两岸社区矫正制度建设研究》（法律出版社 2016 年版）等。并著有论文自选集《冲突、犯罪与秩序建构——张荆教授犯罪学研究甲子纪念文集》（知识产权出版社，2017）。主持国家社科基金项目"社区矫正制度建设研究"（2009 年）等。

33. 张小虎①

34. 张旭②

35. 张远煌③

36. 赵宝成④

37. 赵国玲⑤

38. 赵可⑥

39. 周路⑦

40. 周密⑧

---

① 张小虎（1962～　），北京大学法学博士，社会学博士后，中国人民大学法学院教授，曾任中国犯罪学学会副会长。著有《犯罪学》中国人民大学出版社 2017 年第二版）等，主编《中国犯罪学基础理论研究综述》（中国检察出版社 2009 年版），联合主编《犯罪学》（北京大学出版社 2016 年第四版）等。主持国家社科基金项目"中国宽严相济刑事政策研究"（2008 年）等。

② 张旭（1962～　），女，法学博士，比利时安特卫普大学博士后，吉林大学法学院教授，曾任中国犯罪学研究会副会长。著有《犯罪学要论》（法律出版社 2003 年版）等。主持国家社科基金项目"仇恨犯罪治理研究"（2014 年）等。

③ 张远煌（1961～　），法学博士，北京师范大学刑事法律科学研究院教授。著有《犯罪学原理（法律出版社 2008 年第二版）等，主编《企业家犯罪分析与刑事风险防控报告》（2015～2016 卷、2014 卷、2012～2013 卷，北京大学出版社）等，合著《国际犯罪被害人调查理论与实践》（法律出版社 2015 年版）等。主持国家社科基金项目"非公经济组织腐败犯罪统计调查与合作预防模式研究"（2016 年）。

④ 赵宝成（1957～　），中国政法大学教授，著有《犯罪问题与公共政策：制度犯罪学初论》（中国检察出版社 2012 年版）等，合译《白领犯罪》（〔美〕E. H. 萨瑟兰著，中国大百科全书出版社 2007 年版），联合主编《犯罪学教科书》（中国政法大学出版社 2008 年第 2 版）等。

⑤ 赵国玲（1956～　），女，北京大学法学院教授，中国犯罪学学会副会长。主编《中国犯罪被害人研究综述》（中国检察出版社 2009 年版）、《犯罪学论丛》（第 9、10 卷）等。主持国家社科基金项目若干。

⑥ 赵可（1940～　），公安部公共安全研究所研究员、原副所长，曾任中国犯罪学研究会副会长。主编《被害者学》（中国矿业大学出版社 1989 年版）、《犯罪被害人及其补偿立法》（群众出版社 2009 年版）等。

⑦ 周路（1944～2005），天津社会科学院研究员，著有《中国社会治安综合治理机制论》（群众出版社 1999 年版），主编《当代实证犯罪学新编——犯罪规律研究》（人民法院出版社 2004 年版）、《当代实证犯罪学》（天津社会科学院出版社 1995 年版）、《犯罪调查十年：统计与分析》（天津社会科学院出版社，2001），合著《青少年犯罪综合治理对策学》（群众出版社，1986）。主持国家社科基金项目"社会治安综合治理的机制研究"（1996 年）。主持建立天津市"犯罪调查数据库"，形成以实证研究方法为特色的中国地域性实证犯罪学研究之路。

⑧ 周密（1923～2007），北京大学法学院教授，曾任中国犯罪学研究会副会长。著有《论证犯罪学》（北京大学出版社 2005 年增订本）等，主编《犯罪学教程》（中央广播电视大学出版社，1990）等。

附录二　术语表

（以汉语拼音为序）

A

安乐死

安全感

安全需要

安全预防

B

白领犯罪

报案

报警

暴力犯罪

贝卡里亚

被害率

被害人

被害人化

被害人救助

被害人心理学

被害人学

被害调查

被害性

被害诱发

被害预防

被害者学

比较犯罪学

标签理论

不同接触理论

C

财产犯罪

差异交往理论

城市犯罪

城市犯罪学

抽样调查法

初级预防

次级预防

D

大学生犯罪

第一次被害

典型调查法

电话调查法

E

俄狄浦斯情结

恶逆

二次被害

F

发案率

犯罪

犯罪白皮书

犯罪饱和论

犯罪被害人

犯罪被害人保护

犯罪潮

犯罪地理学

犯罪地理学派

犯罪动机

犯罪对策

犯罪对象

犯罪分析

犯罪根源

犯罪观

犯罪行为

犯罪黑数

犯罪环境

犯罪环境学派

犯罪机遇

犯罪技术

犯罪经济学

犯罪经济学派

犯罪类型

犯罪类型学派

犯罪率

犯罪人

犯罪人格

犯罪人类学

犯罪人类学派

犯罪社会学

犯罪社会学派

犯罪生态学派

犯罪生物学

犯罪生物学派

犯罪史

犯罪学史

犯罪统计

犯罪统计学

犯罪统计学派

犯罪问题

犯罪现象

犯罪现象学

犯罪心理学

犯罪心理学派

犯罪学

犯罪学研究方法

犯罪预测

犯罪预防

犯罪原因

犯罪侦查学

犯罪制图

反社会性

G

隔代遗传论

个案调查法

群体犯罪

R

日本犯罪学会
日常活动理论
瑞典全国犯罪预防委员会

S

萨瑟兰
塞林
三级预防
杀人
少年犯
社会互动
社会化
社会学
生活方式理论
失范理论
实验犯罪学
实证犯罪学
实证犯罪学派
世界被害人学学会
受害者学
斯德哥尔摩犯罪学奖
斯德哥尔摩综合征

T

特殊预防
天津市法学会犯罪学分会
天生犯罪人论

W

违法行为

未成年人犯罪
文化冲突理论
文献法
无被害人犯罪

X

心理学
刑罚学
刑法学
刑事司法漏斗
刑事诉讼法学
刑事政策学

Y

亚洲犯罪学学会
易被害人群
意大利学派

Z

芝加哥学派
制图学派
中国犯罪学学会
中国社会学会犯罪社会学专业委员会
中国预防青少年犯罪研究会
自我控制理论
自由主义犯罪学
综合治理

参考文献

一 中文著作

1. 白建军著《关系犯罪学》（第三版），中国人民大学出版社，2014。

2. 曹立群、任昕主编《犯罪学》，中国人民大学出版社，2008。

3. 曹立群、周愫娴著《犯罪学理论与实证》，群众出版社，2007。

4. 曹漫之等编《中国青少年犯罪学》，群众出版社，1987。

5. 陈兴良主编《刑事法评论》（第1、2、3、4、5、6、7卷），中国政法大学出版社，1997~2000。

6. 董鑫、朱启昌、廖钟洪著《刑事被害人学》，重庆大学出版社，1993。

7. 樊树云、刘文成主编《犯罪学新论》，南开大学出版社，1998。

8. 高树桥、李从珠著《犯罪调查及其统计方法》，群众出版社，1986。

9. 公丕祥、周锡根主编《犯罪社会学》，中国广播电视出版社，1990。

10. 郭建安主编《犯罪被害人学》，北京大学出版社，1997。

11. 郭翔、鲁士恭主编《犯罪学辞典》，上海人民出版社，1989。

12. 江山河著《犯罪学理论》，上海人民出版社、格致出版社，2008。

13. 金其高主编《犯罪学》（犯罪学大百科全书），中国方正出版社，2004。

14. 靳高风著《犯罪学的发展与中国犯罪学学科建设》，中国人民公安大学出版社，2013。

15. 康树华编著《新中国犯罪学研究形成与发展》，北京大学出版社，2011。

16. 康树华主编《比较犯罪学》，北京大学出版社，1994。

17. 康树华主编《犯罪学通论》，北京大学出版社，1992。

18. 康树华主编《青少年犯罪研究十年》，重庆出版社，1994。

19. 康树华著《犯罪学：历史·现状·未来》，群众出版社，1998。

20. 李剑华著《犯罪学》，上海法学编译社，1933。

21. 李田夫、杨士祺、黄京平著《犯罪统计学》，群众出版社，1988。

22. 林秉贤、张克荣著《犯罪心理学纲要》，中国科学技术出版社，2001。

23. 刘建宏主编《国际犯罪学大师论犯罪控制科学》，人民出版社，2012。

24. 刘强编著《美国犯罪学研究概要》，中国人民公安大学出版社，2002。

25. 刘耀彬著《马克思主义犯罪学思想研究》，东南大学出版社，2012。

26. 梅传强主编《犯罪心理学》，中国法制出版社，2007。

27. 莫洪宪、黄卫国、张凌主编《中国犯罪学年会论文集》（2010 年度），中国人民公安大学出版社，2010。

28. 莫洪宪主编《犯罪学概论》，中国检察出版社，2003。

29. 邱国梁著《马克思主义犯罪学》，上海社会科学院出版社，1998。

30. 任士英、王淑合主编《犯罪学专业建设与发展研究》，中国人民公安大学出版社，2015。

31. 宋浩波主编《犯罪社会学论要》，北京出版社，1991。

32. 孙雄著《犯罪学研究》，北京大学出版社，2008。

33. 唐磊主编《犯罪学》，四川大学出版社，2000。

34. 魏建馨、张学林著《犯罪心理学》，南开大学出版社，2003。

35. 魏平雄、欧阳涛等主编《中国预防犯罪通鉴》，人民法院出版社，1998。

36. 魏平雄主编《犯罪学》，中国政法大学出版社，1989。

37. 吴宗宪主编《中国犯罪心理学研究综述》，中国检察出版社，2009。

38. 吴宗宪著《西方犯罪学史》（一至四卷），中国人民公安大学出版社，2010。

39. 夏吉先著《犯罪源流与对策》，上海社会科学院出版社，1987。

40. 夏玉珍主编《犯罪社会学》，华中科技大学出版社，2014。

41. 肖剑鸣、皮艺军主编《犯罪学引论　C.C 系列讲座文集》，警官教育出版社，1992。

42. 肖剑鸣著《犯罪学研究论衡》，中国检察出版社，1996。

43. 熊伟著《被害预防研究》，武汉大学出版社，2016。

44. 徐久生著《德语国家的犯罪学研究》，中国法制出版社，1999。

45. 许桂敏主编《犯罪学》，郑州大学出版社，2017。

46. 许章润主编《犯罪学》（第四版），法律出版社，2016。

47. 杨波主编《犯罪心理学》，高等教育出版社，2015。

48. 杨春洗等主编《北京大学法学百科全书 刑法学 犯罪学 监狱法学》，北京大学出版社，2003。

49. 杨士隆著《犯罪心理学》，教育科学出版社，2002。

50. 杨燮蛟著《现代犯罪学》，浙江大学出版社，2010。

51. 阴家宝主编《新中国犯罪学研究综述 1949～1995》，中国民主法制出版社，1997。

52. 岳平著《当代中国犯罪学的知识社会学研究》，中国法制出版社，2012。

53. 张金武、刘念编著《犯罪学基础理论》，社会科学文献出版社，2017。

54. 张凌、郭彦主编《大数据时代下的犯罪防控——中国犯罪学学会年会论文集（2017 年）》，中国检察出版社，2017。

55. 张凌、陈福宽、严励主编《犯罪防控与法治中国建设：中国犯罪学学会年会论文集》（2015 年度），中国检察出版社，2015。

56. 张凌、郭立新、黄武主编《犯罪防控与平安中国建设：中国犯罪学学会年会论文集》（2013 年度），中国检察出版社，2013。

57. 张凌、郭立新主编《社会管理创新与犯罪防控：中国犯罪学学会年会论文集》（2012 年度），中国检察出版社，2012。

58. 张凌、刘瑞榕主编《立体化社会治安防控体系建设：中国犯罪学学会年会论文集》（2016 年度），中国检察出版社，2016。

59. 张凌、袁林主编《国家治理现代化与犯罪防控：中国犯罪学学会年会论文集（2014 年度）》，中国检察出版社，2014。

60. 张潘仕主编《女性犯罪初探》，河北人民出版社，1988。

61. 张绍彦主编、全国高等教育自学考试指导委员会办公室组编《犯罪学》（附犯罪学自学考试大纲，全国高等教育自学考试监所管理专业指定教材），法律出版社，1999。

62. 张绍彦主编《犯罪学》，社会科学文献出版社，2004。

63. 张筱薇著《比较外国犯罪学》，百家出版社，1996。

64. 张远煌主编《未成年人犯罪专题整理》，中国人民公安大学出版社，2010。

65. 张远煌著《犯罪学原理》，法律出版社，2008。

66. 张智辉等著《比较犯罪学》，五南图书出版有限公司，1997。

67. 赵宝成著《犯罪问题与公共政策：制度犯罪学初论》，中国检察出版社，2012。

68. 赵国玲、车承军、江礼华主编《中国犯罪学年会论文集》（2011 年度），中国人民公安大学出版社，2011。

69. 周路主编《当代实证犯罪学新编——犯罪规律研究》，人民法院出版社，2004。

70. 周密著《论证犯罪学》，群众出版社，1991。

二 译著

1. 〔奥地利〕阿尔弗雷德·阿德勒著《自卑与超越》，李章勇译，中国华侨出版社，2015。

2. 〔波兰〕布鲁伦·霍维斯特著《犯罪学的基本问题》，冯树梁、刘兆琪、曹妙慧译，国际文化出版公司，1989。

3. 〔德〕汉斯·阿约希姆·施奈德著《国际范围内的被害人》，许章润等译，中国人民公安大学出版社，1992。

4. 〔德〕汉斯·约阿希姆·施奈德著《犯罪学》，吴鑫涛、马玉君译，中国人民公安大学出版社，1990。

5. 〔俄〕阿·依·道尔戈娃著《犯罪学》，赵可等译，群众出版社，2000。

6. 〔法〕奥古斯特·孔德著《论实证精神》，黄建华译，译林出版社，2014。

7. 〔法〕古斯塔夫·勒庞著《乌合之众——大众心理研究》，冯克利译，中央编译出版社，2017。

8. 〔法〕孟德斯鸠著《论法的精神》，许明龙译，商务印书馆，2012。

9. 〔荷〕W. A. 邦格著《犯罪学导论》，吴宗宪译，中国人民公安大学出版社，2009。

10. 〔美〕Curt R. Bartol, Anne M. Bartol 著《犯罪心理学（第 11 版）》，李玫瑾等译，中国轻工业出版社，2017。

11. 〔美〕埃德温·萨瑟兰、〔美〕唐纳德·克雷西、〔美〕戴维·卢肯比尔著《犯罪学原理》（第 11 版），吴宗宪等译，中国人民公安大学出版社，2009。

12. 〔美〕安德鲁·卡曼著《被害人学导论》（第六版），李伟等译，北京大学出版社，2010。

13. 〔美〕昆尼·威尔德曼著《新犯罪学》，陈兴良等译，中国国际广播出版社，1988。

14. 〔美〕蕾切尔·博巴·桑托斯著《犯罪分析与犯罪制图》，金城、郑滋椀译，人民出版社，2014。

15. 〔美〕路易丝·谢利著《犯罪与现代化》，何秉松译，群众出版社，1986。

16. 〔美〕罗纳德·J. 博格，〔美〕小马文·D. 弗瑞，〔美〕帕特里克亚·瑟尔斯著《犯罪学导论犯罪、司法与社会》，刘仁文等译，清华大学出版社，2009。

17. 〔美〕迈克尔·戈特弗里德森、特拉维持·赫希著《犯罪的一般理论》，吴宗宪、苏明月译，中国人民公安大学出版社，2009。

18. 〔美〕齐林著《犯罪学及刑罚学》，查良鉴译，中国政法大学出版社，2003。

19. 〔美〕乔治·B. 沃尔德（George B. Vold）〔等〕著《理论犯罪学》，方鹏译，中国政法大学出版社，2005。

20. 〔美〕斯蒂芬·E. 巴坎（Barkan, S. E.）著《犯罪学——社会学的理解》（第四版），秦晨等译，上海人民出版社，2011。

21. 〔日〕大谷实著《刑事政策学（新版）》，黎宏译，中国人民大学出版社，2010。

22. 〔日〕菊田幸一著《犯罪学》，海沫等译，群众出版社，1989。

23. 〔日〕上田宽著《犯罪学》，戴波、李世阳译，商务印书馆，2016。

24. 〔苏〕茨维尔布利等主编《犯罪学》，曾庆敏等译，群众出版社，1986。

25. 〔意〕恩里科·菲利著《犯罪社会学》，郭建安译，商务印书馆，2017。

26. 〔意〕恩里科·菲利著《实证派犯罪学》，郭建安译，商务印书馆，2016。

27. 〔意〕吉娜·龙勃罗梭－费雷罗著《犯罪人：切萨雷·龙勃罗梭犯罪学精义》，吴宗宪译，中国人民公安大学出版社，2009。

28. 〔意〕加罗法洛著《犯罪学》，耿伟、王新译，储槐植校，中国大百科全书出版社，1996。

29. 〔意〕朗伯罗梭著《朗伯罗梭氏犯罪学》，刘麟生译，商务印书馆，1929。

30. 〔意〕切萨雷·贝卡里亚著《论犯罪与刑罚》，黄风译，商务印书馆，2017。

31. 〔意〕切萨雷·龙勃罗梭著《犯罪及其原因和矫治》，吴宗宪等译，中国人民公安大学出版社，2009。

32. 〔意〕切萨雷·龙勃罗梭著《犯罪人论》，黄风译，中国法制出版社，2005。

33. 〔英〕科尔曼等著《解读犯罪统计数据：揭示犯罪暗数》，靳高风等译，中国人民公安大学出版社，2009。

34. 〔英〕Spencer Chainey，〔美〕Jerry Ratcliffe 著《地理信息系统与犯罪制图》，陈鹏、洪卫军等译，中国人民公安大学出版社，2014。

35. 〔英〕阿德里安·雷恩著《暴力解剖：犯罪的生物学根源》，钟鹰翔译，重庆出版社，2016。

36. 〔英〕马吉尔著《解读心理学与犯罪：透视理论与实践》，张广宇等译，中国人民公安大学出版社，2009。

37. 〔英〕马林诺夫斯基、〔美〕塞林著《犯罪：社会与文化》，许章润、么志龙译，广西师范大学出版社，2003。

38. 〔英〕马林诺夫斯基著《原始社会的犯罪与习俗》，原江译，法律出版社，2007。

39. 〔英〕韦恩·莫里森著《理论犯罪学：从现代到后现代》，刘仁文、吴宗宪等译，法律出版社，2004。

40. 〔英〕伊恩·路德、理查德·斯帕克斯著《公共犯罪学》，石延安、李兰英、陈磊译，法律出版社，2013。

三　英文著作

1. Alain Bauer. *Criminology in a Hostile Environment.* Westphalia Press，2013.

2. Anthony Amatrudo. *Criminology and Political Theory.* SAGE Publications Ltd；1，2009.

3. Clinton R. Sanders，Prof. Jeff Ferrell. *Cultural Criminology.* Northeastern University Press，1995.

4. Enrico Ferri. *The Positive School of Criminology.* Createspace Independent Publishing Platform，2006.

5. Frank Schmalleger. *Criminology Today：An Integrative Introduction.* Pearson College Div；Teachers Guide，2004.

6. Jeff Ferrell，Keith J. Hayward，Jock Young. *Cultural Criminology：An Invitation.* SAGE Publications Ltd；1，2008.

7. Jianhong Liu，Max Travers，Lennon Y. C. Chang. *Comparative Criminology in Asia.* Springer；1st ed. 2017.

8. Paul Knepper. *Criminology and Social Policy.* SAGE Publications Ltd；1，2007.

9. Peter Wickman . *Criminology.* D. C. Heath and Company.

10. Piers Beirne. *The Chicago School of Criminology，1914 ~ 1945.* Routledge；1，2006.

四　论文

1. 卜安淳：《论犯罪学的内部学科结构》，《江苏警官学院学报》2003 年第 4 期。

2. 储槐植：《刑事政策：犯罪学的重点研究对象和司法实践的基本指导思想》，《福建公安高等专科学校学报．社会公共安全研究》1999 年第 5 期。

3. 单勇、洪玲华：《犯罪文化学：犯罪学中的独立分支学科》，《当代法学》2011 年第 2 期。

4. 付立庆：《论犯罪概念的功能区分——立足于刑事一体化之学科建设的考察》，《河南省政法管理干部学院学报》2003 年第 3 期。

5. 郝宏奎：《论犯罪学的学科性质和地位》，《公安大学学报》1996 年第 6 期。

6. 赫维茨、吴永农：《犯罪学及其分支学科》，《现代外国哲学社会科学文摘》1985 年第 2 期。

7. 胡继光：《构建犯罪学学科群的设想》，《法学》1988 年第 2 期。

8. 姜超、唐焕丽、柳林：《中国犯罪地理研究述评》，《地理科学进展》2014 年第 4 期。

9. 靳高风：《论中国犯罪学的学科建设与发展——以社会科学发展与西方犯罪学学科建设为视角》，《中国人民公安大学学报》（社会科学版）2006 年第 1 期。

10. 靳高风：《中国犯罪学学科建设和发展方向探讨》，《中国人民公安大学学报》（社会科学版），2007 年第 5 期。

11. 李卿：《法治中国建设中犯罪学学科发展的新定位》，《犯罪研究》2018 年第 2 期。

12. 李锡海：《与犯罪学学科地位相关的几个问题》，《山东社会科学》2004 年第 11 期。

13. 刘秀环：《中国犯罪学家推介——周路先生》，《河南警察学院学报》2016 年第 2 期。

14. 马姝：《犯罪概念的理性分析——兼论犯罪学与刑法学的学科关系》，《湘潭大学社会科学学报》1999 年第 6 期。

15. 莫洪宪、叶小琴：《加强研究成果转化 守护犯罪学发展的生命线——以犯罪学的学科地位为切入》，《犯罪研究》2006 年第 2 期。

16. 皮艺军、翟英范：《"犯罪源流论"倡导者与"未罪学"探创者——夏吉先生访谈》，《河南警察学院学报》2016 年第 1 期。

17. 皮艺军、翟英范：《"严而不厉"和"刑事一体化"——储槐植先生访谈》，《河南警察学院学报》2015 年第 2 期。

18. 皮艺军、翟英范：《被害人学研究勇开先河　犯罪学会成立功不可没——赵可先生访谈》，《河南警察学院学报》2016 年第 4 期。

19. 皮艺军、翟英范：《犯罪研究面临挑战走出困境首重实证——戴宜生先生访谈》，《河南警察学院学报》2015 年第 3 期。

20. 皮艺军、翟英范：《高起点　不间断　重实践——冯树梁先生访谈》，《河南警察学院学报》2015 年第 1 期。

21. 皮艺军、翟英范：《中国犯罪学实证研究的引领者——追忆周路先生访谈》，《河南警察学院学报》2016 年第 2 期。

22. 皮艺军、翟英范：《中国少年司法理论与实践的亲历者——徐建先生访谈》，《河南警察学院学报》2015 年第 4 期。

23. 皮艺军：《刑事司法学的学科意义——实现犯罪学与刑法学理论张力的一条新途径》，《福建公安高等专科学校学报·社会公共安全研究》1999 年第 6 期。

24. 皮艺军：《中国犯罪学家推介——储槐植先生》，《河南警察学院学报》2015 年第 2 期。

25. 皮艺军：《中国犯罪学家推介——戴宜生先生》，《河南警察学院学报》2015 年第 3 期。

26. 皮艺军：《中国犯罪学家推介——冯树梁先生》，《河南警察学院学报》2015 年第 1 期。

27. 皮艺军：《中国犯罪学家推介——夏吉先生》，《河南警察学院学报》2016 年第 1 期。

28. 皮艺军：《中国犯罪学家推介——徐建先生》，《河南警察学院学报》2015 年第 4 期。

29. 皮艺军：《中国犯罪学家推介——赵可先生》，《河南警察学院学报》2016 年第 4 期。

30. 皮艺军：《注释法学方法论之拷问——以犯罪学学科定位为视角》，《江西公安专科学校学报》2007 年第 4 期。

31. 皮艺军、张荆、翟英范：《勤勉前行　推动中国当代犯罪学全面起航——追忆中国犯罪学学会首任会长康树华先生访谈》，《河南警察学院学报》2017 年第 5 期。

32. 邱国樑：《犯罪心理学的跨学科视野》，《河南司法警官职业学院学报》2009 年第 4 期．

33. 任克勤：《试论犯罪学的学科体系与研究方法》，《中央政法管理干部学院学报》1999 年第 4 期。

34. 宋浩波：《犯罪学学科论》，《中国人民公安大学学报》2004 年第 6 期。

35. 宋浩波：《犯罪学学科之考辨》，《公安大学学报》2000 年第 1 期。

36. 宋浩波：《犯罪学与刑法学的功效辨析》，《犯罪学论坛》（第三卷），中国法制出版社，2017。

37. 宋浩波：《论犯罪的研究角度及犯罪学的学科性质》，《山东公安专科学校学报》2004 年第 2 期。

38. 宋浩波：《论犯罪经济学的研究对象及其与相邻学科的关系》，《湖南公安高等专科学校学报》2002 年第 4 期。

39. 宋浩波：《论社会医学及犯罪学学科性质同其关系》，《中国人民公安大学学报》（社会科学版）2005 年第 2 期。

40. 苏德栋：《中国犯罪学家推介——康树华先生》，《河南警察学院学报》2017 年第 5 期。

41. 王娟、马瑜：《犯罪统计学：一个有待开拓的学科新领域》，《统计与决策》2007 年第 11 期。

42. 王牧：《从"犯罪原因学"走向"犯罪存在学"——重新定义犯罪学概念》，《吉林大学社会科学学报》2009 年第 2 期。

43. 王牧：《论犯罪学的学科定位及属性》，《中国大学教学》2004 年第 8 期。

44. 王牧：《学科建设与犯罪学的完善》，《法学研究》1998 年第 5 期。

45. 王娜：《法国犯罪学学科独立之争》，《法学评论》2013 年第 4 期。

46. 王燕飞：《犯罪学学科性质的新思考》，《中国刑事法杂志》2008 年第 1 期。

47. 吴鹏森：《犯罪学学科基本问题的再探讨》，《青少年犯罪问题》2016 年第 3 期。

48. 夏吉先：《类学名与学科名——从犯罪学的"非驴非马"属性论谈起》，《青少年犯罪问题》2012 年第 4 期。

49. 严励：《犯罪学研究的路径选择——兼论犯罪学的学科地位》，《犯罪研究》2004 年第 4 期。

50. 严励：《再论犯罪学研究的路径选择——以中国犯罪学研究为视角》，《法学论坛》2007 年第 2 期。

51. 杨平：《犯罪学的学科属性及其地位》，《大观周刊》2011 年第 42 期。

52. 姚建龙：《青少年犯罪研究之学科化：回顾与反思》，《青少年犯罪问题》2009 年第 3 期。

53. 翟英范：《热爱生命才会热爱犯罪学——皮艺军先生访谈》，《河南警察学院学报》2016 年第 5 期。

54. 翟英范：《真，是研究之魂（上篇）——张荆先生访谈》，《河南警察学院学报》2017 年第 2 期。

55. 张昌荣：《我国犯罪学学科建设纵览——中国犯罪学研究会第八次学术研讨会述评》，《福建公安高等专科学校学报·社会公共安全研究》1999 年第 4 期。

56. 张超：《中国犯罪学家推介——皮艺军先生》，《河南警察学院学报》2016 年第 5 期。

57. 张超：《中国犯罪学家推介——张荆先生》，《河南警察学院学报》2017 年第 3 期。

58. 张荆、翟英范：《中国青少年犯罪研究的开拓者——郭翔先生访谈》，《河南警察学院学报》2015 年第 5 期。

59. 张荆：《中国犯罪学家推介——郭翔先生》，《河南警察学院学报》2015 年第 5 期。

60. 张建明：《论中国犯罪学的学科价值》，《福建公安高等专科学校学报·社会公共安全研究》1999 年第 3 期。

61. 张小虎：《论犯罪学学科》，《犯罪研究》2000 年第 1 期。

62. 张旭、单勇：《论刑事政策学与犯罪学的学科价值及其连接点》，《法商研究》2007 年第 5 期。

63. 张旭：《被害在犯罪学体系中的地位：分析与探究》，《当代法学》2013 年第 5 期。

64. 张旭：《刑事政策、刑法学和犯罪学三者关系的梳理与探究》，《国家检察官学院学报》2009 年第 2 期。

65. 张远煌：《犯罪理念之确立——犯罪概念的刑法学与犯罪学比较分析》，《中国法学》1999 年第 3 期。

66. 张智辉：《日本的被害者学》，《公安大学学报》1987 年第 3 期至 1988 年第 1 期。

67. 赵宝成：《犯罪学的价值和功用——兼谈犯罪学的学科建设》，《江西公安专科学校学报》2007 年第 6 期。

68. 周光权：《犯罪学对于刑法学发展的意义——学习储槐植教授刑事一体化思想有感》，《中国检察官》2018 年第 1 期。

69. 刘可道：《贝卡里亚犯罪学思想述要》，《光明日报》2012 年 7 月 3 日。

70. 刘可道：《"社会公共安全机制的反思与创新"犯罪学高峰论坛侧记》，《犯罪与改造研究》2011 年第 9 期。

71. 刘可道：《"天生犯罪人"：关于犯罪的生物学观察》，《中国社会科学报》2012 年 5 月 14 日。

72. 刘可道：《应对"见危不救"：权益保护优于刑事惩罚》，《青少年犯罪问题》2013 年第 1 期。

73. 刘可道：《赫希的社会控制理论与青少年犯罪——武汉"12·1"银行特大爆炸案的犯罪学思考》，《青少年犯罪问题》2013 年第 3 期。

74. 刘可道：《犯罪学应归于法学学科》，《中国社会科学报》2013 年 9 月 23 日。

75. 刘可道：《加强犯罪学学科建设应当着力解决五大问题》，《犯罪研究》2013 年第 5 期。

76. 刘可道：《负面社会因素导致犯罪——西方犯罪社会学学科性质与基本理论》，《中国社会科学报》2013 年 11 月 6 日。

77. 刘可道：《流动人口犯罪防控八大关键词论要》，《犯罪研究》2014 年第 4 期。

78. 刘可道：《体育运动在预防青少年犯罪中的作用与路径》，张凌、袁林主编《国家治理现代化与犯罪防控：中国犯罪学学会年会论文集（2014 年）》，中国检察出版社，2014。

79. 刘可道等：《被害预防问题研究》，《犯罪与改造研究》2017 年第 2 期。

80. 刘可道：《大数据时代的犯罪治理：犯罪统计与数据开放》，张凌、郭彦主编《大数据时代下的犯罪防控——中国犯罪学学会年会论文集 (2017 年)》，中国检察出版社，2017。

图书在版编目（CIP）数据

犯罪学学科论 / 刘可道著. -- 北京：社会科学文
献出版社，2018.12
（天津社会科学院学者文库）
ISBN 978 - 7 - 5201 - 3947 - 2

Ⅰ.①犯…　Ⅱ.①刘…　Ⅲ.①犯罪学 - 研究　Ⅳ.
①D917

中国版本图书馆 CIP 数据核字（2018）第 261061 号

·天津社会科学院学者文库·

犯罪学学科论

著　　者 / 刘可道

出 版 人 / 谢寿光
项目统筹 / 邓泳红　桂　芳
责任编辑 / 桂　芳

出　　版 / 社会科学文献出版社·皮书出版分社（010）59367127
　　　　　　地址：北京市北三环中路甲 29 号院华龙大厦　邮编：100029
　　　　　　网址：www. ssap. com. cn
发　　行 / 市场营销中心（010）59367081　59367083
印　　装 / 三河市东方印刷有限公司

规　　格 / 开本：787mm × 1092mm　1/16
　　　　　　印张：11.25　字数：178 千字
版　　次 / 2018 年 12 月第 1 版　2018 年 12 月第 1 次印刷
书　　号 / ISBN 978 - 7 - 5201 - 3947 - 2
定　　价 / 69.00 元

本书如有印装质量问题，请与读者服务中心（010 - 59367028）联系

▲ 版权所有 翻印必究